**Fundadores
del gremialismo
obrero/1**

Al querido hermano y compañero Casto Moscú, como modesta prueba de entrañable afecto y de identidad de ideales de justicia y libertad

Bs As, mayo 6 de 1984.

A. CABONA.

BIBLIOTECA
POLÍTICA
ARGENTINA

Fundadores del gremialismo obrero/1

Oscar Troncoso

CENTRO EDITOR DE AMERICA LATINA

Dirección: Oscar Troncoso
Secretaría de redacción: Margarita B. Pontieri
Asesoramiento artístico: Oscar Díaz
Diagramación: Gustavo Valdés, Alberto Oneto, Diego Oviedo
Coordinación y producción: Natalio Lukawecki, Juan Carlos Giraudo

© 1983 Centro Editor de América Latina S. A. - Junín 981, Buenos Aires.
Hecho el depósito de ley. Libro de edición argentina. Impreso en agosto de 1983. Pliegos interiores: compuesto en Gráfica Integral, Av. Pueyrredón 538, 4º A, Buenos Aires; Impreso en los Talleres de Gráfica Patricios S.C.A., Juan C. Lemos 246, Buenos Aires. Distribuidores en la República Argentina: Capital: Mateo Cancellaro e Hijo, Echeverría 2469, 5º C, Buenos Aires. Interior: Distrimeco SRL, Av. La Plata 2138, Capital.

ISBN 950 25 0026 1

A mi padre, integrante de la masa anónima de inmigrantes que a principios del siglo XX llegaron a la Argentina para fecundarla con su trabajo, y en cuyo seno descansa para siempre.

ADVERTENCIA PRELIMINAR

El movimiento sindical argentino cuenta ya con una bibliografía histórica que procura abarcarlo desde sus orígenes hasta la época en que los trabajos fueron escritos; sus principales autores fueron Martín S. Casaretto, Alfredo Fernández, Jacinto Oddone, Sebastián Marotta, Diego Abad de Santillán, Rubens Iscaro, Alfredo López, Rubén Rotondaro, Julio Godio, Alberto Belloni, Santiago Senén González y otros. Curiosamente, en ella escasean las memorias, recuerdos personales, anécdotas, biografías o semblanzas de dirigentes que tuvieron actuación destacada.

La gran aventura que fue echar las bases del sindicalismo en la Argentina se puede apreciar en las historias de referencia, en los periódicos de las nacientes organizaciones y también en las actas de los congresos gremiales. En cambio, se evidencia en menor proporción, en los estudios económicos, sociales, políticos o ideológicos que tratan todo el proceso.

Los sacrificios y los dramas personales quedaron relegados por el prurito que Juan B. Justo resumió en una frase: "Quien menos impone su persona es quien más impone sus ideas". Tan ascética moral impidió medir en toda su magnitud la heroicidad de los protagonistas y militantes; por ello se considera como una tarea urgente la de re-construir la actuación humana, re-crear el proyecto de sociedad que llevaban en sus mentes e impulsaba sus actos, captar el esfuerzo individual y colectivo que anónimamente mantenía una huelga y soportaba sus consecuencias.

Ese es el objetivo que guía a este trabajo, que procura rescatar del olvido a personas y hechos significativos que ayuden a comprender otros sucesos y a despejar incógnitas. De esta forma se espera salvar el modo de ser particular, las características psíquicas y comprender toda la gama de esperanzas, fracasos, afectos y resentimientos que matizaban las luchas y que influían poderosamente en los acontecimientos que con el tiempo poseerían valor histórico.

El sindicalismo estaba signado, para los activistas, por el enfrentamiento claro de burgueses y proletarios; el Estado era para ellos el fiel servidor de los dueños de los medios de producción y de cambio. Los obreros incipientemente organizados consideraban que sus mejores armas estaban constituidas por las herramientas de trabajo que les otorgaba el poder de la huelga. La paralización de tareas era el respaldo mayor de los sindicatos de oficio y muchos creían que con la huelga general llegaría un día en el cual se produciría el triunfo definitivo sobre el enemigo, representado siempre gráficamente por personajes obesos, devorados por una sed insaciable de riquezas. En esa época los trabajadores sentían apego por su oficio y se hacían respetar individualmente, pero la miseria y la opresión política eran factores esclarecedores de su situación de dependencia y les otorgaban el justificativo histórico para sus anhelos de lograr una modificación mesiánica de todo el orden social.

Al iniciarse los pasos primitivos de industrialización en la Argentina, con el paulatino advenimiento de grandes grupos humanos al pie de las máquinas, fue perdiendo fuerza el trabajador orgulloso de su idoneidad en el oficio, que se ufanaba de su especialización. Se inicia el tránsito de los sindicatos de oficio a los de industria; de los militantes sacrificados y los dirigentes heroicos a los afiliados masivos y los funcionarios sindicales; de los objetivos de transformación absoluta de la sociedad a la retórica revolucionaria; en síntesis: la afiliación en los sindicatos de oficio era un acto de independencia y valentía; en los de industria fue un deseo de seguridad y conformismo.

El antagonismo no fue tan nítido ni tajante porque los sindicatos de oficio, para no perder adherentes, acumulaban fondos para enfrentar huelgas, creaban bolsas de trabajo, asociaciones de socorros mutuos, cooperativas de consumo, en un intento de cubrir todos los riesgos. Muchos confundieron esos medios como fines y allí también se diluyó el espíritu combativo y revolucionario.

La concepción de un Estado benefactor, redistribuidor de la riqueza y protector de los humildes, era la antítesis de las ideas de los dirigentes que desfilan por estas páginas: ellos creían firmemente que las conquistas sociales se ganaban con el esfuerzo mancomunado de los trabajadores en lucha y nunca por el consentimiento gracioso de los gobernantes de turno. Por otra parte, la revolución social que predicaban tenía por finalidad destruir el estado de cosas reinante, pero sin afectar el fundamento liberal de la sociedad. Desconfiaban de la intromisión de la política en los sindicatos y sostuvieron prolongadas polémicas sobre este tema.

En el largo trabajo de entrevistas, rastreo de diarios, selección de documentos y fotografías se tuvo como prioridad sintetizar y coordinar todo el material. Dentro de una semblanza hay bocetos de otros militantes; los hechos expuestos cronológicamente tienen a la vez una coordinación general; las partes no están aisladas sino insertas en el todo que le servía de marco y si se observan opiniones repetidas sobre un mismo hecho, son puntos de vista diferentes.

Se procuró eludir la abundancia de información reiterativa, la acumulación de testimonios individuales que buscan determinados objetivos, se descartó todo aquello que es difícilmente admisible por exagerado, falseado inconscientemente o embellecido por el paso de los años en el recuerdo de los informantes; se intentó evitar la tendencia moralizante de trazar figuras idealizadas, silenciando errores y destacando aciertos. De todos los recuerdos que no se borraron en la memoria y escritos de los protagonistas, familiares o amigos íntimos, se aceptaron los que constituyen información poco conocida, porque al exhumar esos testimonios se buscó renovar las fuentes históricas del gremialismo proletario nacional para inducir a nuevos análisis críticos.

La historia del sindicalismo en la Argentina cubre un

siglo de la vida del país, que apenas tiene setenta años más de existencia, es decir, que abarca una parte muy importante de la historia social de la época independiente.

A la verdad histórica no se accede por acopio de datos, por más abundantes que estos sean, sino por la recomposición de la acción humana en la unidad económica, social y política del período que se investiga. Ser fiel a los recuerdos de los protagonistas —con las salvedades expuestas— es ofrecer los elementos para que cada uno la reconstruya según su real saber y entender, logrando la aprehensión más profunda de una época, porque la historia no reconoce propietarios exclusivos o reconstrucciones estáticas: es asumida o rechazada por cada presente.

DIEGO ABAD DE SANTILLAN

I

DIEGO ABAD DE SANTILLAN,
pensamiento y acción

En una amplia habitación de la Tipográfica Editora Argentina abarrotada de libros, diccionarios, enciclopedias y atrincherado tras una gran mesa cubierta de diarios, revistas, folletos y cartas, un hombre teclea incansablemente una vieja máquina de escribir. A la llegada del visitante Diego Abad de Santillán levanta su cabeza aureolada por cabellos totalmente blancos y un rostro apacible y sonriente invita con afabilidad a iniciar la conversación.

Ya sean jóvenes universitarios que integran un seminario sobre escritores anarquistas de principios del siglo, especialistas en documentos históricos que desean reproducir facsimilarmente los primeros periódicos obreros, estudiosos del movimiento sindical argentino; nativos de la tierra azteca que investigan la revolución mexicana, españoles que escriben aspectos de las luchas sociales en la península o de la guerra civil 1936-1939, alemanes minuciosos que rastrean indicios de la vida de Jorge F. Nicolai, sean quienes sean a todos mide con el mismo rasero.

A los pocos minutos está enfrascado en el tema, suministra datos con precisión, matiza la conversación con anécdotas, alude a libros que amplían el panorama de la cuestión indagada y, encendiendo con perseverancia su pipa, emite su propio juicio. Del aparente desorden que lo rodea consigue fácilmente extraer, no se sabe cómo, un pequeño papel con una dirección que ayuda al investigador, la carta de alguien que en un rincón del mundo está preocupado por algo similar, el artículo orientador de una revista.

Diego Abad de Santillán requerido constantemente desde los principales centros culturales, parece que contemplara todo con serenidad y benevolencia, circunstancia que corrobora su voz suave y su conversación sin estridencias. Sin embargo, tras esa apariencia se esconde un formidable teórico y luchador que participó, desde puestos importantes, en los principales acontecimientos históricos de la primera mitad del siglo XX que tuvieron por escenario a la Argentina y España.

Iniciación en todos los oficios

"Nací en España el 20 de mayo de 1897, en las montañas de León, en un pueblo que no figura en el mapa y de difícil acceso —Reyero—, y provengo de antigua ascendencia artesana y campesina, conocida en el lugar por ser muy hábiles herreros. Menos de un mes después de la fecha de mi nacimiento se fundaba en Buenos Aires el periódico anarquista *La Protesta*. Yo pude seguir el rastro de mi familia a través de tres siglos y todos fueron herreros: herreros de rejas, de armas, de enseñas para las puertas de las posadas."

Siguiendo una tradición secular en su aldea, el alcalde convocaba a reunión municipal haciendo repicar una campana; en esas deliberaciones populares se consideraban las dificultades que se iban presentando y la forma de solucionar cada problema.

"Recuerdo particularmente una asamblea, cuando yo no tendría más de siete años, en la cual se resolvió, entre otras cosas, designarme pastor de la comunidad, porque ya había demostrado la suficiente compostura como para que cada uno me confiara sus escasos bienes. Así anduve por montes y sierras apacentando cabras y ovejas, a las que al anochecer encerraba en unos corrales, mientras yo dormía en una choza. En esos momentos el temor mayor me lo provocaba el aullido de los lobos, tanto que en una ocasión, a pesar de la sed que no me permitía dormir, no me atreví a bajar para ir a beber a un arroyuelo cercano."

"En mi pueblo la vida era primitiva como en la Edad Media: se criaban ovejas, se hilaba la lana, se teñía, se tejía, se usaba el arado que se utilizó durante la dominación romana; la autonomía del pueblo era casi total y se sabía que en un lugar muy lejano había un rey."

Su familia emigró entonces a la Argentina, siguiendo la gran aventura iniciada por el padre en 1900: "Yo soy uno de aquellos inmigrantes económicos que vinieron en barco de tercera porque no había de cuarta".

"Llegué a los ocho años con mi madre y una hermana; mis otros hermanos nacieron aquí, en Santa Fe. Allí fui campesino, aprendiz de albañil, de herrero, de tipógrafo; cuando pude cumplir mi sueño de estudiar tenía un pasado de todos los oficios."

El primer encarcelamiento

Diego Abad de Santillán cursó la escuela primaria e inició estudios de comercio, que debió interrumpir porque a los quince años lo llevaron de vuelta a España. En León, en dos años y medio aprobó el bachillerato, publicó sus primeros artículos sobre temas históricos en los diarios del lugar y se matriculó en la Universidad Central, sección de filosofía y letras.

"Aparte de estudiar, y de estudiar mucho, no pude quedar indiferente a lo que ocurría a mi alrededor: la primera guerra mundial, la inquietud de las fuerzas armadas, las juntas de defensa (ayudé a los sargentos a constituir las suyas). En agosto de 1917 se declaró una huelga general en toda España, la huelga solidaria más importante que se había producido hasta allí en la esfera nacional."

"Fue un acontecimiento que cambió desde entonces la orientación de mi vida —recordó—. Por la inquietud, el desasogiego y la búsqueda propia de la edad juvenil, habíamos intentado por cuenta propia, sin que nadie nos lo indicara, fomentar el descontento de los cuarteles sobre la base de la amistad personal con soldados incorporados. Cuando se produjo la huelga de agosto, sin que nadie nos llamase tampoco, porque no teníamos contacto con los organismos obreros responsables del movimiento, estuvimos allí donde el pueblo se defendía contra las agresiones de las fuerzas del orden y las tropas del ejército, como en Cuatro Caminos, y creímos de nuestro deber alentar a los hombres del pueblo, por instinto de solidaridad con los que trabajan y sufren; y en el curso de aquellas jornadas fui llevado ante un juez que dispuso mi prisión y me condujeron a la Cárcel Modelo, en la Moncloa. Allí transcurrió un largo período, sin que el pedido fiscal de doce años fuese llevado a proceso formal. Allí tuve oportunidad de recordar que el año anterior había ocupado una de nuestras celdas un revolucionario ruso, León Trotski, entonces uno de los forjadores del gran movimiento que conmovería a su país".

"Allí estaban todavía Julián Besteiro, Francisco Largo Caballero y otros; allí la mayoría de los presos políticos eran anarquistas y me hice muy amigo de ellos, procurando hacerlos razonar para que dejasen del todo esas utopías; creo que algo logré y algunos se apartaron de esa ideología; pero la verdad es que fue en esa época cuando yo me incorporé a ese movimiento. Vi en ellos una cosa distinta; una estatura moral y una entrega a la causa obrera capaz de cualquier sacrificio, actitud que me sedujo y quedé ligado para siempre; hasta hoy".

"Gracias a una amnistía, un año y medio después recuperamos la libertad y los compañeros me consideraron uno de ellos. A los pocos días me visitó el famoso libertario catalán Salvador Seguí, "le noir del sucre" (el chico del azúcar), para inquirir sobre lo que pensaba hacer: "Me voy de España para no hacer el servicio militar", le respondí. Así salí del país con un pasaporte de alguien que tenía 32 años cuando yo contaba apenas con 21".

El fecundo período de *La Protesta*

A fines de 1918 Diego Abad de Santillán llegó a Buenos Aires como activista anarquista e ingresó en la redacción de *La Protesta*. A continuación se produjeron los sucesos de "la semana trágica" y fue inmediatamente detenido y registrado con el nombre que traía de

España. Enterado por los diarios, un hermano del que le había facilitado el pasaporte fue a visitarlo a la cárcel y quedó desconcertado al verlo; le explicó la situación y el buen hombre comprendió.

"La semana de enero de 1919 significó un nuevo cierre para *La Protesta* por orden policial durante varios meses; cambió una vez más de local y pudo reaparecer más tarde. Se mantuvo en una oposición cerrada contra la influencia de la supuesta dictadura del proletariado en la Unión Soviética y menudearon los conflictos externos e internos. Al producirse la huelga de los peones de las estancias de la Patagonia, en 1920 y en 1921, hicimos cuanto pudimos por suscitar la solidaridad de los trabajadores con aquellos "bandoleros del sur" que reclamaban condiciones de vida un poco más humanas. En nombre de los intereses de la patria en peligro se escribió allí una de las páginas más negras de la reacción antiobrera. Nuestra información diaria sobre lo que ocurría en el lejano sur no pudo contrarrestar la campaña hostil de la gran prensa, y las autoridades impidieron siempre tlda demostración pública de simpatía y solidaridad con los huelguistas".[1]

Por esa época compartía una pieza, en una casa de la calle Sarandí, en la Capital Federal, con un alemán tolstoiano, Kurt G. Wilckens, que vivía obsesionado por los fusilamientos sufridos por los peones en huelga en la Patagonia. Este singular personaje, que luego sería el autor de la muerte del teniente coronel Héctor B. Varela, jefe de la represión en el sur, lo incitó a que se trasladara a Alemania para estudiar medicina.

"Con Apolinario Barrera en la administración y Emilio López Arango en la redacción de *La Protesta* partí tranquilo para Europa. En 1922 participé en los trabajos preparatorios de la fundación de la Asociación Internacional de Trabajadores —réplica de la Internacional de Amsterdam—, en representación de la Federación de la Federación Obrera Regional Argentina, la Confederación de Trabajadores de Chile, la Central Obrera Regional Paraguaya, la Confederación General del Trabajo de México y la Federación Obrera Regional Uruguaya. Asistí en Berlín a conferencias de Rudolf Rocker y traduje sus obras, como así también las de Bakunin, Malatesta, Nettlau, Reclus, Faure, para el *Suplemento Semanal de La Protesta* que habíamos comenzado a publicar, el cual más adelante se transformaría en la revista quincenal anarquista de mayor difusión e influencia. En este aspecto, otros habrán pensado u obrado mejor que nosotros, pero en cuanto a esfuerzo, a trabajo, a dedicación, es difícil que alguien me haya superado; a la distancia casi me parece imposible que pudiera escribir tanto; mi vida estaba toda en el diario, en el suplemento y en la editorial argentina. Me casé con la hija de Fritz Kater, uno de los dirigentes principales del sindicalismo alemán, que tenía una voz de trueno y era editor de los más destacados ideólogos anarquistas".

Entre períodos de prisión intentó proseguir sus estudios en la Sorbona; las autoridades universitarias francesas le creyeron alemán y le dieron muy mal trato por el resentimiento que había dejado en el país la Primera Guerra Mundial. Regresó a Alemania y abandonó su carrera de medicina en momentos en que le faltaban muy pocas materias para recibirse.

"En 1926 regreso a la Argentina con la intención de quedarme un año, nada más, pero se me complicaron las cosas. Se habían planteado huelgas que no podíamos abandonar, como la que se mantuvo con la General Motors, que al fin reconoció que había sido derrotada y pidió un arreglo para terminar el conflicto, después que fueron quemados alrededor de ochocientos autos".

El terrorismo en la Argentina

En 1929 se organizó en Buenos Aires el Congreso Obrero Continental, al que asistieron delegaciones de trece países americanos para integrar la Asociación Continental de Trabajadores. La entidad tuvo poca vida porque en seguida se iniciaron los golpes militares en varios pueblos latinoamericanos, con el general José F. Uriburu en la Argentina, no obstante lo cual llegó a publicarse la revista *La Continental Obrera*, dirigida por el electricista Manuel Villar.

"De los muchos problemas de esa época, uno de los más graves fue la presencia y la acción de un joven italiano, Severino Di Giovanni, cultor de la violencia, que lo mismo ponía una bomba en el consulado italiano o en un banco que realizaba un atraco. Pretendía que se le reconociera su calidad anarquista y nos rehusamos enérgicamente; es más, desde las páginas de *La Protesta* inicié una campaña contra el terrorismo indiscriminado. Un día se me invitó a la Jefatura de Policía y me comunicaron que estaban enterados de que Di Giovanni había resuelto eliminarme físicamente; me recomendaron que fuese siempre armado. Mi compañero de redacción, Emilio López Arango, fue muerto por esos días en su domicilio de Remedios de Escalada ante la presencia de sus tres pequeños hijos; poco antes López Arango se había comprado su primer traje en un negocio de compraventa de la calle Libertad".

"El anarquismo es fundamentalmente antiviolento —subrayó Diego Abad de Santillán—; ello no significa que eluda la lucha. Todos los que van a la guerra no son violentos y sin embargo disparan contra la trinchera de enfrente. Radowitzky, que mató al coronel Ramón L. Falcón, y Wilckens, que hizo lo mismo con el teniente coronel Varela, en absoluto eran predicadores del terrorismo. El impulso de sus actos no fue la venganza personal sino la solidaridad social: se trataba de una forma de fraternidad para con los explotados, víctimas de muy duras represiones.

"Otro caso de violencia defensiva fue la del bravo correntino Juan Antonio Morán[2], secretario general de la Federación Obrera Marítima, quien había ganado fama de valiente en las luchas gremiales. Empleaba la fuerza como represalia, para frenar a la que se desencadenaba desde arriba. Por eso, cuando luego de la sublevación militar del 6 de setiembre de 1930 las fuerzas policiales de Avellaneda a las órdenes del mayor Rosasco se ensañaron torturando a los trabajadores portuarios y marítimos, Morán se resolvió y un día, con la colaboración de tres amigos, se dirigió al feudo de orillas del Riachuelo y, en un restaurant, le dio muerte a Rosasco. Creía que eliminando el victimario los que le sucedieran se cuidarían bien de seguir sus métodos. Era una forma de protección a sus compañeros, muy diferente a la violencia de una bomba abandonada en un lugar público".

La crisis de 1930

"La conspiración militar contra la segunda presidencia de Yrigoyen fue un hecho del que tuvimos informaciones confidenciales. Durante más de un mes insistí en la obligación de resguardar las libertades conquistadas y en presentar el oscuro horizonte que se abría para el porvenir del país. La F.O.R.A. me dejó solo; dijeron que era un asunto político y que en nada debíamos interferir. Yo les replicaba que un golpe militar no es un asunto puramente político: es una cuestión nacional que compromete a todos. Pero no pude hacer nada; fue la mayor derrota de mi vida".

La severa represión contra los anarquistas llevada a cabo por el gobierno del general Uriburu alcanzó también a Diego Abad de Santillán, que se vio obligado a escapar al Uruguay y vivió un tiempo con Radowitzky[3]. Pero ello no detuvo su actividad: escribió en colaboración con Juan Lazarte un estudio sobre *Reconstrucción social, bases para una nueva edificación económica argentina*; y poco más adelante con gran esfuerzo personal terminó *La F.O.R.A. Ideología y trayectoria del movimiento obrero revolucionario argentino*.

"En Montevideo me sorprende la proclamación de la República en España y me llamaron desde mi tierra; pero aquí, en la Argentina, teníamos muchos presos y hubiera sido una deslealtad abandonarlos. Centenares de obreros y militantes fueron deportados a sus países de origen y muchos más, argentinos, recluidos en Martín García y Ushuaia. Entré clandestinamente a territorio argentino y, al día siguiente del traspaso del mando del general Uriburu al general Justo, reapareció *La Protesta*; sin un centavo en la caja, tuvimos que apelar al esfuerzo de todos; obreros de la imprenta, redactores y administradores; como no se podía pensar en pagar salarios hicimos un fondo común que permitió la supervivencia durante algunas semanas, hasta que comenzaron a llegar las primeras contribuciones".

Ante la crisis general, Diego Abad de Santillán pensó que los taxímetros podían tener un recorrido fijo a la manera de los tranvías, y que ello abarataría el costo y se lograría el traslado de más pasajeros. La idea fue planteada por un compañero en el seno de la Unión Chauffeurs y acogida con escepticismo; sin embargo, a los pocos días los taxis particulares comenzaron a transformarse en lo que más tarde se llamarían colectivos. Creyó que la iniciativa se podía ampliar a los medios de transporte a larga distancia y entonces propuso la creación de una corporación administrada por los trabajadores, que fuera un poder en sí misma. Sin embargo, predominó el espíritu pequeño-burgués y cada sector prefirió tener su línea propia a pertenecer a una gran organización colectivizada. Tuvo más suerte auspiciando la fundación de cooperativas de seguros, de fabricación de carrocerías, de reparaciones y otras.

Mediante las campañas de *La Protesta* por la libertad de los presos, los mitines realizados exigiendo el restablecimiento de los derechos y garantías para todos los ciudadanos y el apoyo parlamentario, se logró que llegara de Ushuaia el transporte que traía a los últimos recluídos sociales para ser libertados.

La guerra civil española

A fines de 1933 se embarcó para España. "Para nosotros no existían límites geográficos dentro del área española —explicó Diego Abad de Santillán—: Buenos Aires, Barcelona, México, La Coruña, eran provincias de esa gran región. Estábamos al día en todo lo que pasaba y nos preocupaban los sucesos y las luchas en toda esa zona; nuestra acción se podía desarrollar indistintamente en cualquier lugar y hasta se producían polémicas que no tenían en cuenta las distancias".

En Barcelona entró como redactor de *Solidaridad Obrera* y fue encarcelado muy pronto; una vez en libertad solicitó dos veces la reaparición del periódico bajo los nombres de *Solidaridad* y *La Soli*, nombres con los cuales lo voceaban los diareros. Ingresó en la Federación Anarquista Ibérica (F.A.I.) y al poco tiempo se encargó de la dirección de las revistas *Tierra y Libertad*, de vieja data, y la recién aparecida *Tiempos Nuevos*, lo que le costó nuevos procesos.

"La Confederación Nacional de Trabajadores (C.N.T.), de inspiración libertaria, tenía un millón de afiliados —puso de relieve— y disponía de un solo secretario rentado, a nivel de su especialización en su propio gremio, con algunos gastos para viaje cuando debía acudir a algún congreso".

"Vino lo de julio de 1936 en España; yo tenía la experiencia de Buenos Aires en 1930. No creo en la bondad de ningún gobierno; pero un gobierno civil es por lo menos más barato que un gobierno militar, y además lo que estaba en juego era la instauración de un régimen totalitario".

Se abocó con apasionamiento a la organización de milicias populares en los primeros meses de la guerra civil; fue luego miembro del gobierno de Cataluña como ministro de Economía. Usaba un extraño uniforme militar (mameluco de obrero metalúrgico, envuelto con bandoleras para portar municiones y dos pistolas) que el presidente Manuel Azaña describía como de "cowboy americano" y despertaba las iras de Rodolfo González Pacheco. El destacado dramaturgo argentino vivía en la misma casa que Diego Abad de Santillán. Un día que le vio salir con aquella indumentaria y subir a un coche oficial precedido por motocicletas conducidas por milicianos con granadas al cinto, para dirigirse al frente, escribió una violenta diatriba contra el que consideraba extraño anarquismo de su amigo y compañero.[4]

Durante la guerra civil, sin dejar de prestar su colaboración en la lucha por la defensa de la República Española, inició la crítica de sus dirigentes. "No habría querido mostrar esa cara de un régimen al que en última instancia tuvimos que defender sin éxito —reflexionó—; pero aquellos hombres del Ateneo de Madrid, que sobresalían por sus conocimientos de la revolución francesa, odiaban la revolución del pueblo como la peste y tenían miedo cerval al pueblo, de Azaña abajo".

Cerca del final de esa lucha española, que en la Argentina fue vivida como propia por el movimiento obrero y los sectores de izquierda, su exasperación era incontenible. "Después de la operación del cruce del Ebro, que terminó el 20 de noviembre de 1938, estaba claro que Cataluña se encontraba perdida; de 90.000 hombres que participaron en la operación, se perdieron 70.000, con todo el material acumulado. Había que hacer algo para que no cundiera la desmoralización en forma explosiva. Negrín convocó a los dirigentes de todos los partidos y organizaciones. Habló el jefe de gobierno con su fluidez habitual, hizo una apología de la operación y abundó en elogios sobre el heroísmo de los combatientes. Aseguró que el porvenir era magnífico y que las perspectivas de nuestra resistencia a los ejércitos enemigos eran excelentes".

"Lo miré con desprecio y dando un portazo me retiré de la reunión; alguien vino corriendo por el largo corredor y me alcanzó antes de la salida del edificio. Era el propio Negrín, que me detuvo, y se entabló el siguiente diálogo:

—¿Por qué estás enfadado?

—Porque estás mintiendo miserablemente. La operación del Ebro es la entrega de Cataluña, es el fin de la guerra en Cataluña.

—Te explicaré. Si digo la verdad, esos se me desbandan, pero quédate tranquilo. Tengo en el extranjero recursos para ayudar al exilio que viene.

Aquel cínico, que había jugado alegremente con la sangre de centenares de millares de miembros de nuestro pueblo, me causaba asco y vergüenza. Cruzó por mi mente como un relámpago el impulso de echar mano a la pistola".[5]

La concepción económica del anarquismo

Ministro de Economía de la Generalitat de Cataluña, Diego Abad de Santillán procuró no entorpecer la producción, no aumentar las reglamentaciones, sino facilitar el trabajo de las fuentes de producción y las relaciones económico-sociales.[6]

Los anarquistas ya habían socializado la producción láctea desde el agro hasta las usinas pasteurizadoras, eludiendo la burocratización. Siguieron un proceso económico que venía de la Edad Media adaptándolo a la época y al medio con tal éxito que hasta los más encarnizados adversarios reconocieron que era una creación genuinamente española.

"Mientras una parte de los combatientes de la guerra civil corría a engrosar las columnas de milicianos voluntarios que partían hacia los frentes de lucha otros se consagraron a normalizar las condiciones de vida, la producción en todas las ramas bajo nuevos estímulos y nuevas directivas, no de especulación capitalista, sino con miras a la comunidad, a la sociedad, en muchos

23

casos con la presencia de los técnicos y expertos de la víspera y hasta con los patrones de fábricas y talleres; en otros, sin la asistencia y el asesoramiento de los antiguos amos y de la minoría de técnicos a su servicio; pero en gran número éstos quedaron en su puesto y se pusieron a trabajar en los lineamientos de la revolución iniciada ya incontenible".

"El mecanismo de la construcción de la nueva economía socializada era sencillo. En cada fábrica o taller o lugar de trabajo se creaba un nuevo organismo administrativo por elección de su personal obrero, administrativo y técnico. Las fábricas de la misma industria se asociaban en el orden local y formaban la federación local de la industria. La vinculación de las federaciones locales integraba la federación regional y éstas culminaban en la federación nacional. La vinculación de las federaciones daba nacimiento a un Consejo Nacional de Economía. El Pleno ampliado de carácter económico celebrado en Valencia en enero de 1938 por los organismos de la C.N.T. señala los pormenores y los lineamientos de la nueva articulación económica. El espíritu de empresa y la organización perfecta de todas las bases de producción no ha alcanzado en los países capitalistas un grado tal de eficacia, de aprovechamiento al ciento por ciento de todas las posibilidades de cada industria, en el orden local, en el regional y en el nacional".

"Que no hubo dificultades, que no hubo errores, que no hubo frustraciones, sería absurdo negarlo, pero lo que puedo asegurar es que había una evidente superioridad en comparación con el estado anterior del trabajo en la industria y en el agro".

La Federación Obrera Regional Argentina

Después de padecer grandes dificultades y sortear innumerables peripecias llegó Diego Abad de Santillán a Buenos Aires a principios de 1940, donde se enteró de que existía, desde una década atrás, un decreto que ordenaba su expulsión de la Argentina.

"Se había creado una leyenda en torno de mi persona: todos tenían miedo y nadie se atrevía a darme trabajo. Hasta que en la Editorial Sopena apareció el subgerente, que había tenido un puesto destacado en la policía de Barcelona en tiempos de la República y conocía los motivos por los que yo había sido detenido muchas veces, y me ofreció hacer una enciclopedia".

Durante veinticinco años vivió sin documentación legal y aprovechó para escribir la *Gran Enciclopedia Argentina*, en nueve tomos; la *Historia Argentina*, en cinco tomos; la *Gran Enciclopedia de la Provincia de Santa Fe*, en dos tomos; *Contribución a la historia del movimiento obrero español*, en tres tomos, y una vasta producción que abarcó un amplio espectro de temas; según Fernando Quesada ha superado los doscientos cincuenta títulos entre los libros traducidos de distintos idiomas y aquellos de que es autor.

Reconoció públicamente sus errores con una poca común sinceridad. "Una ojeada al ayer reciente, de menos de medio siglo, nos la ha facilitado un viejo amigo y compañero de Rosario, uno de esos hombres anónimos y abnegados, fieles e íntegros, sin los cuales no habríamos podido hacer lo poco o mucho que hayamos hecho. Pablo Fernández fue un sólido puntal para la difusión de nuestras publicaciones en la segunda ciudad de la República. Con no pocos sacrificios y peligros ha sabido salvar una colección entera del *Suplemento de La Protesta* y nos ha proporcionado horas de íntimo orgullo y también nos ha forzado a más de una reflexión amarga."

"Se nos había metido entre ceja y ceja que un movimiento anarquista que no estuviese fundido y confundido con el movimiento obrero tenía que ser estéril, condenable e impotente. De allí que le dedicara un libro a la F.O.R.A.: la historia inicial del proletariado de América la hizo la F.O.R.A.; por su misma cualidad de organización de combate, expuesta a todos los peligros, no se le podía exigir permanencia y solidez orgánica en sus cuadros sindicales, a veces se vio deshecha en tanto que organización, pero quedó siempre en pie como bandera y como idea".

"Las huelgas generales de la F.O.R.A., como la de noviembre de 1902, la de mayo de 1910, la de enero de 1919 en ocasión de la matanza de hueguistas de la casa Vasena, las huelgas pro liberación de Radowitzky, de Sacco y Vanzetti y de protesta por el asesinato de Wilckens. Las reivindicaciones gremiales tenazmente resistidas que llevaron en Ingeniero White y Bahía Blanca a un largo conflicto con desenlace trágico; en Rosario,

Chaco, Misiones y la Patagonia se sucedieron huelgas que serán inolvidables y honrarán siempre a los organismos promotores".

"Si para la resistencia contra el capitalismo era el obrero asalariado el factor primordial y único con el que la F.O.R.A. podía contar, para la reconstrucción social y económica —dado el desarrollo adquirido por los métodos productivos y por la cultura— se requerían todas las fuerzas progresivas, incluidas las que integraban los hombres de ciencia y los técnicos".

"Si a veces salíamos de la órbita de la trinchera, y yo podría reproducir algunos de mis trabajos de hace cuarenta o cincuenta años, pronto volvíamos a la cualidad de combatientes duros, demoledores, a la literatura de trinchera, de ensañamiento contra los que no pensaban como nosotros; reuníamos así algunas unidades de choque, pero descuidábamos la formación y educación de las falanges constructoras de un mundo nuevo, libre y justo. El rechazo del diálogo con los discrepantes de dentro o de fuera se había convertido en algo como un dogma intangible. Por eso muchos de nuestros esfuerzos resultaron estériles y hasta contraproducentes".

"La F.O.R.A. no estuvo exenta de errores; como se equivoca el individuo, también se equivoca la organización. En la claudicación de 1930 tuvo su parte principal la escisión del movimiento libertario en varios grupos que se combatían sistemáticamente. Fue un capítulo doloroso de desgastes y debilitamiento que hizo imposible un previo acuerdo para una iniciativa común de defensa capaz de gravitar en aquellos momentos seriamente en los hechos. Pero, con errores y equivocaciones, la F.O.R.A. hizo por los trabajadores en su lucha contra el capitalismo y la opresión estatal lo que no hizo ninguna otra fuerza social en la Argentina".

El escenario social argentino
del siglo XXI

Los estudios y escritos para la enciclopedia y la historia argentinas, las publicaciones gremiales y los viajes por todo el territorio nacional, le permitieron a Diego Abad de Santillán conocer el país a lo ancho y a lo largo, en sus diferentes estratos sociales y en cortes longitudinales y transversales.

"La distinción entre pampa seca y pamap húmeda, un día posible, palpable, se ha ido borrando y en pocos decenios no es fácil decir dónde se dan vestigios de pampa húmeda y dónde la llanura pampeana es pampa seca, sin lluvias o con precipitaciones irregulares y bajas, hasta el punto que la evaporación en vastas zonas ayer cubiertas de pastos naturales neutraliza los eventuales beneficios de esa humedad circunstancial. Se habla de delincuencia económica, ¿cómo se podría calificar en penalogía la genialidad de los canales de desagüe del sur bonaerense, que empobrecieron, desecándolas, extensiones equivalentes a todo un país europeo? Solamente he hallado una protesta airada contra esos canales de desagüe, pero la firmaba un hombre a quien llamaban "el loco de los huesos", un tal Florentino Ameghino, y nadie le hizo caso, aunque sus argumentos parece que fuesen propios de los ecólogos contemporáneos".

Diego Abad de Santillán, hombre de acción y pensamiento, no se encerró en el pasado, en las luchas de ayer, en rendir culto a lo que fue: anhela prever la Argentina del futuro, el escenario social del siglo XXI.

"Cimentar el desarrollo y la prosperidad del país sobre lo que se ha llamado Argentina rica es escribir sobre arena movediza. Si los mitos en historia son a veces peligrosos, en geografía son siempre funestos, porque distorsionan la verdad con resultados nefastos. El mito de un país cerealista, que en los buenos años no obtiene en promedio más de ocho o diez quintales de trigo por hectárea; el mito de un país ganadero que cría una vaca por cada hectárea o hectárea y media en las zonas privilegiadas, todo eso es espejismo engañoso, castrador, y sobre todo en estos tiempos en que se ensaya *la revolución verde*, que está dando resultados antes inimaginables".

"Más riqueza en carne que la pampa, llamada por hábito adquirido húmeda, puede proporcionar la plataforma epicontinental, con una sucesión de granjas submarinas desde la ensenada de Samborombón hasta el río Santa Cruz, pero para las tareas de la pesca hay que meterse en el agua, y el folklore nos presenta a caballo en las vaquerías del período colonial y en los arreos modernos para conducir las reses al frigorífico. Y actuar en algo que no coincide con la tradición es irreverencia que no todos se atreven a practicar".

"La Argentina propiamente rica es la de las provincias del noroeste, donde se dan los climas más variados, con ríos y arroyos de montañas, con valles ubérrimos, con riquezas mineras, con posibilidades de hidroelectricidad mediante diques y embalses para riego, con combustibles líquidos y gas natural. A la mitad de la distancia de Buenos Aires, la riqueza del noroeste tiene su salida natural hacia el Pacífico, hacia Antofagasta, como en los tiempos de su prosperidad; sus exportaciones posibles lo mismo que sus importaciones darán cara al Pacífico, más accesible y más barato que el Río de la Plata. Un filósofo español veía desde Salta el horizonte de la integración argentina al continente sudamericano; desde allí se ve mejor esa perspectiva que desde la aglomeración del Gran Buenos Aires".

"La Argentina pobre, la metropolitana, la litoraleña, hicieron de la Patagonia lo que el colonialismo europeo hizo del Senegal y el Congo, y de los otros lugares de Africa: bases de explotación y de enriquecimiento para las metrópolis coloniales. No se concibe que el Gran Buenos Aires y el litoral pudiesen subsistir, mantenerse y aún crecer sin el petróleo y el gas natural que tienen su principal base de abastecimiento en Río Negro, en Neuquén, en Chubut y en Santa Cruz. Unas pocas hectáreas con riego racionalmente cultivadas en el Alto Valle de Río Negro bastaron para asentar allí uno de los grandes emporios de trabajo y de rendimiento; son apenas 60 o 70.000 hectáreas, la extensión con que cuentan muchas estancias pampeanas para criar en ellas unos miles de cabezas de ganado".

"Si se quiere construir una Argentina con infraestructuras para un gran porvenir, es necesario no poner el acento en el pasado, en la gloria de los trigales y maizales de la segunda mitad del siglo XIX y en la abundancia de vacas, de ovejas merinas y de equinos, material sugestivo e inspirador de románticas evocaciones folklóricas y de loas a los reseros. ¡Cómo se conoce que los cultores de esas apologías no han hecho esa vida y no saben qué poco grato era ese trabajo! "

El ideal

"Mi aporte más importante al movimiento anarquista es de tipo teórico", afirmó Diego Abad de Santillán, no obstante haber sido protagonista de los principales acontecimientos gremiales, políticos, económicos y periodísticos de la Argentina y de España. "He resistido la tendencia a hacer del anarquismo un sistema económico y político perfecto, y he propagado que cualquiera que fuese la sugerencia para un mañana mejor, es una hipótesis y niego el derecho a convertir la hipótesis en un dogma infalible; por eso mi recomendación de fiar las soluciones, las nuevas construcciones a la libre experimentación y a la convivencia y el respeto mutuos".

Al hacer la comparación entre los obreros del último cuarto de siglo XX y los de principios de siglo ha observado una gran diferencia: éstos se sacrificaban por ideales, aquellos, entrampados en la sociedad de consumo, se satisfacen con bienes materiales. Son parte de una máquina que funciona por sí sola, sin sentido ético, sin finalidad moral, a la que la mayoría se ha entregado pasivamente.

"Una organización económica y social controlada por los sindicatos sería un paso progresivo, una piedra angular, pero mi anarquismo igualmente no quedaría satisfecho con ello —advertía—; al día siguiente de la aplicación de esa estructura no capitalista y no estatal, continuaría siendo el crítico impenitente de esa solución, en nombre de la libertad y del reconocimiento de la persona humana".

Al acabar, por fin, la extensa dictadura del generalísimo Francisco Franco con su muerte el 19 de noviembre de 1975, luego de una interminable agonía, se inició en España la difícil etapa de la transición hacia la democracia.

Las nuevas generaciones, como si necesitaran restablecer el hilo conductor de la historia y abrevar en sus antecesores, invitaron oficialmente a Diego Abad de Santillán para que regresara a su tierra natal. El recibimiento que le brindó León fue apoteótico y jamás imaginó que su persona y su obra estuvieran tan imbricados con el presente; los reconocimientos multitudinarios y los homenajes particulares que se le tributaron le causaron una inenarrable emoción; le hicieron comprender que su lucha no había sido en vano. Recorrió el país, conoció los jóvenes nuevos dirigentes y habló extensamente con ellos, recogiendo una inmejorable impresión. Sin embargo, después de un tiempo, decidió volver a Buenos Aires para continuar con sus libros, papeles y fichas.

Todo lo realizado por el movimiento obrero tuvo un día su razón de ser, su explicación y es para Diego Abad de Santillán un timbre de honor haber participado en los afanes de cada hora. Ahora las condiciones no son las mismas. En medio de la crisis mundial sostiene que hay que consagrarse a la búsqueda de tácticas más acertadas y una estrategia más afinada, porque no quiere renunciar a la esperanza sino afirmar la fe y concitar el esfuerzo por un destino cada vez mejor.

Diego Abad de Santillán (1973).

Apéndice:

textos de Diego Abad de Santillán

JUAN ANTONIO MORAN[7]

Si la organización de los obreros marítimos argentinos tuvo un fuerte puntal en Francisco J. García, santafesino de San Javier, halló en Juan Antonio Morán, correntino, un digno sucesor, un militante gremial de temple acerado que imponía respeto y atraía por su integridad y su sentido de la responsabilidad.

Por las contingencias de la beligerancia, nos encontramos en cierto período de nuestra actuación en posiciones no siempre armónicas: los marítimos pertenecían a la Unión Sindical Argentina, y nosotros defendíamos a los obreros del puerto de Boca y Barracas, que formaban en ls filas de la F.O.R.A. Eran dos trincheras de lucha y desde las trincheras se hace fuego, se dispara con todas las armas, no se razona, no se valora al que se halla enfrente más que como enemigo o adversario al que hay que vencer. En una encrucijada pasional nos encontramos allá por julio y agosto de 1930, cuando obreros portuarios de la U.S.A. intentaban extender su influencia desde la sección de Diques y Dársenas a la de Boca y Barracas. La defensa de los lugares de trabajo daba motivos para encuentros violentos, más de una vez con muertos y heridos. Y mientras nosotros tratábamos de justificar la acción defensiva de nuestro sector gremial, Morán hacía lo mismo con el suyo y desde el órgano de prensa de los marítimos se nos exhortaba a que se pusiese fin a la violencia en los muelles, en la que solo interveníamos para que los agremiados en la U.S.A. no interfiriesen en las zonas que correspondían a los de la F.O.R.A.

Cuando se difundió el rumor de un alzamiento militar contra el gobierno de Yrigoyen, nos encontrábamos enzarzados en esa polémica sobre si eran galgos o si eran podencos. Por nuestra parte hicimos cuanto estuvo a nuestro alcance para que el mundo del trabajo organizado se declarase contrario a toda regresión política y social. Por una serie de conflictos internos se produjo un penoso desencuentro entre la posición defendida por nosotros y la que hizo suya la F.O.R.A. bajo la influencia de su Consejo Federal.

El general Uriburu salió el 6 de setiembre de Campo de Mayo con algunas tropas adictas y puso fin al gobierno de Yrigoyen, sin apenas resistencia alguna, y menos resistencia de los trabajadores, que iban a sufrir las consecuencias de la regresión que significaba la dictadura militar.

Abrumados por esa derrota sin lucha, conscientes del curso que iban a tomar los acontecimientos en el futuro argentino, sin eco en la mayoría de los propios amigos, una noche, el 7 de setiembre, vino Morán a vernos, a expresar su solidaridad con nuestra actitud y a presentar las posibilidades que aún quedaban para una acción colectiva. Era preciso ir a la huelga general en la Capital Federal y en todo el país y nos expuso cuáles eran sus posibilidades y cuáles serían las fuerzas obreras que secundarían el movimiento.

Ante aquella mirada franca, ante aquella actitud solidaria, se desvanecieron todas las viejas rencillas y se produjo el entendimiento más completo y más sincero. Quedamos en realizar una primera reunión en la Asociación Trabajadores del Estado (ATE), a la que fueron representantes de diversos gremios, y algunos amigos y compañeros míos, González Pacheco, Horacio Badaracco, entre otros. Era preciso articular una huelga general que paralizase el país: los marítimos se comprometían a hundir algunos barcos en los canales de navegación para evitar la movilidad de la escuadra; los ferroviarios imposibilitarían el tránsito de pasajeros y de cargas en todas las líneas. Badaracco redactó el manifiesto de declaración de huelga, pero la F.O.R.A. alegó que se trataba de un problema político y se rehusó a adherir al paro propuesto por las otras organizaciones.

Al realizar una nueva reunión se vio que el local de la Asociación de Trabajadores del Estado estaba vigilado y González Pacheco pudo hallarnos cuando nos acercábamos al mismo, evitando así una peligrosa celada. Perdimos las últimas esperanzas, y por un tiempo, más de un año y medio, no volvimos a vernos con Morán, y solo indirectamente sabía de su lucha activa contra el régimen dictatorial de Uriburu. Era un valiente que no vacilaba en desafiar todos los peligros, un militante en cuya palabra se podía fiar plenamente.

Tuvimos estrechas relaciones después del alejamiento de Uriburu, durante la presidencia del general Justo, y no hicieron sino confirmar nuestra convicción de la entereza, la rectitud, la combatividad de ese gran correntino que fue Morán. Puse en contacto a los militantes de Boca y Barracas con Morán y desde el primer encuentro quedaron ligados por la amistad y la confianza plena. Gracias a él se abrían las puertas para un entendimiento de las organizaciones obreras de orientación sindicalista.

Nuestra presencia en la vida gremial de la Argentina había tocado a su fin y unos meses después de nuestra llegada a España nos llegó la noticia del asesinato oficial de Morán, cuyo cadáver apareció al borde de una carretera próxima a la ciudad.

Así quedó el movimiento obrero argentino privado de uno de sus auténticos valores, de un hombre de acción, valiente y generoso, de un puntal difícilmente sustituible, porque además estaba ya terminado un capítulo de la historia de la organización obrera. De todos modos, entre aquellos compañeros y amigos de perenne recuerdo figura Juan Antonio Morán, que merece ser salvado del olvido.

Diego Abad de Santillán

LIMITACIONES DE LA LUCHA POR MEJORES SALARIOS

En muchas oportunidades, en congresos obreros, en conferencias en locales sindicales, en la prensa, hemos procurado llamar la atención sobre la insuficiencia de la lucha por más altos salarios y bregamos porque los trabajadores tuviesen una visión más realista de su situación. Tal vez no hemos logrado en ese terreno resultados positivos, pero esa falta de éxito práctico no nos ha impedido reiterar un esclarecimiento que hemos juzgado esencial.

El aumento de los salarios, por sí solo, no significa una mejora efectiva de la situación material de los trabajadores, porque queda libre la recuperación de los intereses del capital a través del aumento de los precios de los bienes de consumo. De esa manera, el mayor salario logrado un mes queda anulado al mes siguiente por el encarecimiento del costo de la vida.

Otro recurso del capitalismo para mantener su predominio está en la inflación, en la desvalorización de la moneda, que hace ilusorios todos los aumentos de salarios. Probablemente fuimos de las pocas voces que se hicieron oír en defensa del valor de la moneda como uno de los medios para que no resultasen ilusorios los aumentos salariales logrados a través de cruentas luchas.

Igualmente llamamos la atención de los trabajadores sobre otro peligro para la estabilidad de sus conquistas y sostuvimos que tantos sacrificios como los empleados en el aumento de sus ingresos salariales debían ser aportados a la lucha contra los aumentos fiscales de toda índole, demostrando que el Estado moderno es cada día más caro y sus derroches no pueden tener otro origen que el trabajo productivo de los obreros y los campesinos.

El aumento de los salarios resulta inútil sin la lucha simultánea de la defensa de los precios del consumo, sin el mantenimiento de una moneda sana y sin la acción defensiva y ofensiva de los contribuyentes a los gastos del Estado, pues por esos tres caminos puede lograrse que los mayores salarios resulten insuficientes y engañosos para una mejora efectiva de la situación del mundo del trabajo organizado.

Diego Abad de Santillán

REACTUALIZACION IDEOLOGICA

En los últimos años se ha reiterado, más desde el ángulo del pensamiento individual que desde el de las decisiones colectivas, orgánicas, la urgencia de un reajuste estratégico y táctico de las ideologías sociales y morales tradicionales a las nuevas modalidades de la vida, del progreso, de la estructura económica.

La humanidad entera se ha encontrado en el curso de muy escasos decenios ante problemas de una gravedad jamás imaginada en el pasado y sin cuya solución corre peligro la existencia misma de la especie humana. Aquello que un día era primordial pasó a un plano secundario o de mucha menor gravitación que ayer. Reivindicaciones antaño fundamentales dejaron de reclamar la atención como algo esencial para la comunidad humana ante los peligros que hoy se ciernen sobre todos los pueblos.

Corrientes políticas y doctrinas que había marcado un avance, como el liberalismo, las concepciones democráticas, los ordenamientos de justicia, fueron sofocados por la sacralización de las más espantosas tiranías y de los absolutismos que parecían cosa de la historia lejana. Los mitos de la autoridad, que habían decaído en algunos de sus grados extremos, son hoy la técnica de gobierno más difundida y glorificada, lo mismo en nombre de las llamadas derechas reaccionarias y miopes que en nombre de las izquierdas desviadas de su ansia de liberación y solidaridad. Partidos y tendencias que prometían progresos y conquistas para el bienestar humano y la justicia han perdido su vigencia y su vitalidad de otra época.

Por eso, el estudio de la situación actual del mundo y de sus problemas e imperativos apremiantes no es ya asunto de interés para un sector social dado, cualquiera que sea su nivel y condición, sino necesidad inaplazable para todos los sectores, para todas las corrientes de opinión, para todas las clases y para todas las edades, pues en todos ellos puede haber sensibilidad ante la catástrofe que amenaza a la humanidad entera, tanto a la superdesarrollada como a la subdesarrollada.

Junto con los mayores beneficios, los desarrollos científicos y tecnológicos han llegado al punto de constituir un peligro para todos, por el derroche de las riquezas naturales, cuya escasez se hace sentir ya universalmente, por la contaminación de la atmósfera y de las aguas y por la explosión demográfica alarmante y suicida. Por ello, es imprescindible una reactualización de las ideologías sociales si desean recuperar la vigencia y vitalidad de otros tiempos.

Diego Abad de Santillán.

ANDRES CABONA

II

ANDRÉS CABONA, ALBACEA
DEL GREMIALISMO ARGENTINO

En el movimiento obrero argentino existe una persona que se ha encargado de registrar en su memoria prodigiosa, o en su ágil pluma, los incidentes y accidentes de los difíciles primeros años de las organizaciones sindicales. Se ha preocupado para que no cayeran en el olvido militantes sumamente meritorios, que no ocuparon cargos de importancia. Con absoluto desinterés ha servido de nexo para reconstruir épocas o para desentrañar las raíces de episodios de importancia; ha señalado la ubicación de documentos que podían pasar inadvertidos para investigadores recientes, ha completado trabajos inconclusos de dirigentes fallecidos y se ha convertido, sin quererlo, en el albacea del sindicalismo argentino.

Andrés Cabona, destacado y activo dirigente obrero, nació en San Isidro el 10 de setiembre de 1899. Aprendió el oficio de mimbrero en una escuela de artes y oficios y, a los 17 años, se incorporó al primer taller.

Esa actividad, en su tiempo, ocupaba en la Capital Federal a unas 500 personas —según sus propias estimaciones— que se dedicaban a hacer muebles, sillas, mecedoras, canastos, andadores para niños, artículos de adorno y de decoración en general. Por ser prácticos y económicos, existían en todos los hogares, dado que la materia prima provenía con abundancia de las islas del

Delta. "Fue una industria del lujo de los pobres", aclaró Cabona.

Poco depués de iniciarse en el oficio, aleccionado por un viejo mimbrero italiano de tendencia socialista, se afilió al Sindicato de Obreros del Mimbre. En su época mejor, el gremio llegó a tener 500 afiliados, pero más tarde el número de compañeros oscilaba entre los 250 y 100. Debieron afrontar el grave problema que planteaba la existencia de los trabajadores independientes, pues quienes realizaban las tareas en sus casas competían con ventajas sobre el personal de talleres, impidiendo el mejoramiento de las condiciones de trabajo. Cuando las exigencias planteadas a los patrones eran consideradas excesivas, estos optaban por prescindir del personal de taller y compraban a los trabajadores a domicilio.

En 1921 Cabona ocupaba la secretaría general del gremio y, mientras cumplía con el servicio militar obligatorio, editaba el periódico *El Obrero del Mimbre*. Su niñez y adolescencia fueron muy duras: el hecho de haber quedado huérfano a los ocho años, junto con cuatro hermanos, aceleró el proceso de su maduración.

La solidaridad de Víctor Pinós

"A fines de mayo de aquel año, con motivo de una agresión de elementos de la llamada Liga Patriótica Argentina contra la sede de la Unión Chauffeurs, en la que resultaron muertos dos afiliados del mencionado sindicato —recordó—, la Federación Obrera de Buenos Aires, local, adherida a la F.O.R.A., llamada del IX Congreso, convocó a una reunión de delegados de organizaciones afiliadas y autónomas para considerar las medidas a adoptar en repudio del atentado de referencia".

"El Sindicato de Obreros del Mimbre designó a Víctor Pinós y a mí para asistir a dicha reunión —relató Cabona—. Pinós, un catalán semianalfabeto que había aprendido a leer y a escribir ya de grande, tenía una gran inteligencia natural, que ponía en evidencia tanto en sus exposiciones, siempre concisas y claras, como al escribir, aunque esto lo hacía con garrafales errores gramaticales".

"En esa oportunidad tuvo una intuición: de la reunión los delegados saldrían para ir presos. Por lo tanto, consideró que no era aconsejable que el secretario del sindicato corriese ese riesgo, pues en las especialísimas circunstancias que se vivían no convenía que el gremio quedase acéfalo. A tal efecto se ofreció para ir solo a la reunión convocada y así quedó establecido".

"La intuición de Pinós se confirmó: apenas comenzaba la reunión fue interrumpida por una numerosa comisión policial armada con máuser, a cuyo frente se encontraban Elpidio González y Francisco Laguarda, jefe de policía y de investigaciones, respectivamente. La irrupción de la policía hizo que los delegados, por aclamación, declararan la huelga general, lo que a su vez motivó la detención en masa de los asistentes —180 en total—, la mayoría de los cuales fueron alojados a la intemperie, en la azotea de la desaparecida cárcel de Azcuénaga, donde los detenidos permanecieron varios días con sus noches, en pleno invierno y sin otro abrigo que el que pudieron proveerles los respectivos familiares.[1] Como consecuencia de esa detención, contrajo una neumonía Bartolomé Senra Pacheco, subsecretario de la F.O.R.A. (IX Congreso), que produjo su deceso pocos días después".

"Víctor Pinós, que era de complexión robusta —aunque falleció poco tiempo más tarde, en mayo de 1925—, soportó sin consecuencias aquella detención y yo, gracias a la intuición y el espíritu de sacrificio de aquel buen amigo, me libré de caer preso".

La fundación de la Unión Sindical Argentina

En 1922 Cabona asistió al Congreso Constituyente de la Unión Sindical Argentina (U.S.A.) en representación de los mimbreros, pero no participó en el debate porque se sintió empequeñecido frente a la talla de los líderes que actuaban desde muchos años antes, Alejandro Silvetti entre ellos. A esa importante asamblea concurrió una fracción de la F.O.R.A. del IX Congreso, delegados comunistas, muy pocos socialistas, predominando la tendencia anarcosindicalista, que luego se nucleó en la Alianza Libertaria Argentina; ésta línea marcó la orientación del Estatuto.

Hasta la realización del Congreso de la U.S.A. existían las dos F.O.R.A., la del IX Congreso y la del V Congreso.

La primera desapareció al incorporarse a la U.S.A., y "los quintistas" —como les llamaban entonces— siguieron predicando el comunismo anárquico e incitando a la acción espontánea de los trabajadores.

También entraron en la U.S.A. varios sindicatos autónomos, entre ellos los mimbreros, y Cabona fue elegido miembro suplente del Comité Central.

"A poco de constituida la Unión Sindical Argentina se descubrió que dos miembros del Comité Central —Julio Amor y David Valdés— actuaban en connivencia con Francisco Docal, conocido elemento pro patronal, por lo cual se precedió a expulsarlos; con ellos se solidarizó Jesús González Lemos".

"Para cubrir esa y otras vacantes existentes fueron incorporados al Comité Central viejos suplentes, entre los que me encontraba —especificó Cabona—, asignándoseme el cargo de secretario de actas".

"Un par de meses después recibí en mi domicilio una nota firmada por un señor José Drago, en la que me invitaba a conversar en el café "Tortoni" por asuntos de trabajo. A pesar de mi juventud e inexperiencia esa carta se me hizo sospechosa, sobre todo por el hecho de que González Lemos conociera mi dirección particular. Consultado el caso con Silvetti, a la sazón secretario general de la U.S.A., coincidió conmigo en que la nota era harto dudosa. Presumiendo que procediera de Docal, a quien yo no conocía, Silvetti me hizo una somera descripción física".

"En cuanto llegué a la puerta del café "Tortoni", donde debía encontrarme con mi invitante, al verlo tuve la evidencia de que se trataba de la persona que pensábamos, a pesar de lo cual resolví seguirle el juego para comprobar qué se proponía".

"De entrada se me presentó como inspector del Departamento Nacional del Trabajo, exhibiendo un carnet de la citada dependencia cuya autenticidad no tuve oportunidad de verificar. Entrando en materia, me dijo que el Departamento de Trabajo necesitaba estar fehacientemente informado de todas las resoluciones del Comité Central de la U.S.A. —que por otra parte se daban a publicidad— y que nadie mejor que yo, como secretario de actas, podía suministrarlas. En pago de ese servicio me propuso una asignación mensual de doscientos cincuenta pesos, que luego elevó a quinientos pesos, sumas muy cuantiosas en aquella época".

"De más está decir que rechacé el indigno ofrecimiento, pero el hecho confimaba el acierto del Comité Central de la U.S.A., que separó de su seno a los cómplices de Docal. Además, es necesario subrayar la forma drástica con que procedían en aquel entonces los cuerpos sindicales frente a los casos de inconducta".

La anécdota pone de relieve la lucha que debían entablar los trabajadores que buscaban estructurar un poderoso movimiento sindical: no solo debían hacer frente a los enemigos externos, sino, lo que era peor y más deprimente, a los traidores embozados que actuaban como militantes en la lucha social.

Luchas intestinas

A pesar de la integridad de los activistas de la época, las centrales sindicales no se salvaban de contradicciones y hasta de alguna que otra aberración.

"El compañero Aragón fue secretario general de la F.O.R.A. y pertenecía a los gráficos que estaban en la U.S.A. —observó Cabona—. Es que la F.O.R.A., en uno de sus Congresos, había resuelto que para ser miembro del Consejo Federal no se requería ser afiliado a un sindicato: bastaba con profesar la ideología anarquista. Ni siquiera era necesario ser obrero. Al respecto existió un episodio muy curioso que comentó *Bandera Proletaria*, órgano oficial de la U.S.A. Un señor Francisco García Giménez fue secretario de la F.O.R.A. y era acopiador de papas; en ocasión de hacer una gira proselitista por la zona de Balcarce, Tandil, Mar del Plata y aledaños, el periódico sindicalista publicó un artículo titulado: "Sembrando ideas y cosechando papas", ironizando con la circunstancia de que hubiera aprovechado su viaje de propaganda por la región papera para comprar la mercadería de su negocio".

"La Confederación Obrera Argentina (C.O.A.) se funda en 1926, el origen de su nacimiento se remonta a la disconformidad en los Congresos de la U.S.A. con algunos sindicatos, especialmente municipales, por el rechazo de algunos delegados que ejercían funciones políticas, concretamente, que eran parlamentarios. La nueva entidad de trabajadores estaba compuesta por los ferroviarios, municipales, curtidores, sastres y costureras, y sindicatos del interior de poca importancia; el peso gremial lo confirió la Unión Ferroviaria, que era uno de los sindicatos de mejor organización en el país. Ya al año siguiente los gráficos, que pertenecían a una organización autónoma, al crear la Federación Obrera Poligráfica Argentina (F.O.P.A.), plantearon la necesidad de unificar a las tres centrales obreras en vez de tomar partido por una de ellas".

El encono entre los distintos sectores gremiales parecía irreductible; las disputas por jurisdicciones sindicales se dirimían a balazos o puñadas; las polémicas más disparatadas sobre teoría y acción de los trabajadores llenaban las páginas de sus numerosos periódicos; el antagonismo, como en un círculo vicioso, era alimentado por la desconfianza y estaba plagado de insultos y mutuas acusaciones. La Argentina entraba en el cono de sombra de una gran crisis política y económica, mientras el nexo de unión del proletariado estaba cuestionado por los propios interesados.

Sin embargo, cuando en 1928 la Federación Obrera Poligráfica Argentina puso oficialmente sobre el tapete la cuestión de la unidad, los dirigentes más lúcidos de la U.S.A. y de la C.O.A. la acogieron favorablemente y se iniciaron largos y engorrosos trámites.

"La C.O.A. la sometió al voto general: la U.S.A., al referéndum de los sindicatos —agregó Cabona—; luego se creó una comisión integrada por representantes de las dos agrupaciones obreras y de la Poligráfica que elaboró unas bases de unidad, todo lo cual llevó mucho tiempo. En la C.O.A. surgió una fuerte oposición encabezada por Francisco Pérez Leirós, a la que enfrentó José Negri, que era secretario general; pero las dificultades que oponía Pérez Leirós para que se concretaran las bases de unidad crearon una situación de violencia que lo obligaron a irse".

Un revolucionario mundial

En todas las asociaciones políticas, gremiales, así como en las de otra índole, solían aparecer individuos que tenían soluciones inéditas para todos los problemas y las teorías más extravagantes para llevar a la organización a un mayor engrandecimiento. Los periódicos solían convertirse en los receptores predilectos de esa clase de delirantes.

Entre 1928 y 1930 Andrés Cabona dirigía *Bandera Proletaria*, órgano oficial de la U.S.A., y en tal carácter debía entender, diariamente, a quienes exponían las ideas más disparatadas para solucionar los problemas sociales.

"Un día el empleado de la central obrera, Hermenegildo Villalba, vino a mi oficina muy azorado, informándome que había un ciudadano que propugnaba una revolución mundial y quería hablar con algún dirigente. Como yo era el único del Comité Central que me encontraba en la casa, entendía Villalba que debía atenderlo, a lo que accedí".

"Hecha la presentación, el curioso personaje manifestó estar organizando una revolución de carácter mundial —creo que dijo universal—. Acotó que ya tenía comprometidas a las fuerzas armadas y al periodismo, y le faltaba concretar únicamente el apoyo de los trabajadores, lo cual confirmó mi sospecha de que se trataba de un loco de remate".

—Vea, compañero —le dije—, usted se equivocó. No es aquí donde debe recurrir para tal propósito, sino a Independencia 3054.

—¿Son rusos?, me preguntó.

—Sí, le contesté, por decirle algo.

—Esos son los que ando buscando, replicó entusiasmado.

"Y hacia allá se dirigió. Debo aclarar que en Independencia 3054, entre Rioja y General Urquiza, tenía su sede central el partido Comunista".

Frente a ese caso extremo de "revolucionario mundial" existían quienes propugnaban en la Argentina una transformación similar a la soviética; aquellos que deseaban alcanzar el poder para acabar con el Estado y los que modestamente buscaban mejorar su salario, garantizar sus derechos y disfrutar de un lugar al sol, si fuera posible con casa y comida asegurada. Por las entretelas de los sectores que pugnaban por la idea de la unidad en el movimiento obrero circulaban esas tendencias encontradas del reformismo y la lucha de clases.

Los trabajadores y el 6 de setiembre de 1930

En cambio, el nacionalismo oligárquico, con el general José Félix Uriburu a la cabeza, se movió con un objetivo preciso y con elementos más contundentes, y el golpe militar desplazó al radicalismo del gobierno.

"En los últimos tiempos del gobierno de Yrigoyen el sindicalismo no le era adverso, pero tampoco le era favorable —precisó Cabona—. Yo fui partícipe de muchas gestiones que se hicieron en la Casa Rosada y nos teníamos que aguantar "amansadoras" de varias horas, para que nos prometieran un día y otro día que se resolverían nuestros problemas; sin embargo, pasaban los meses y no se tomaba ninguna determinación".

"La Unión Sindical Argentina (U.S.A.) vio el 6 de setiembre de 1930 casi con terror. Se apreció inmediatamente el carácter reaccionario que lo guiaba y, en consecuencia, la central obrera aconsejó a los sindicatos prudencia, que no se embarcaran en acciones suicidas y que documentaran los atropellos patronales, amparados en la situación, en el estado de sitio, en la ley marcial. Las empresas se envalentonaron y se sintieron protegidas por el gobierno provisional, razón por la cual comenzaron a despedir a los militantes".

"La Confederación Obrera Argentina (C.O.A.) dio una declaración muy prudentemente balanceada. No se manifestó ni a favor ni en contra del gobierno, pero habló de la necesidad de que las nuevas autoridades hicieran alguna acción en favor de los trabajadores. Las posiciones de la U.S.A. y de la C.O.A. eran bastante parecidas".

"El golpe militar aceleró la unificación. Se concretó la fecha de reunión en el local de los tranviarios: acudieron quince delegados de la U.S.A. e igual cantidad de la C.O.A., los cuales fundaron la Confederación General del Trabajo (G.G.T.), el 27 de setiembre de 1930. Más tarde se invitó a diez delegados de los sindicatos autónomos y se incorporaron los telefónicos, linotipistas, mecánicos y afines, oficiales de la marina mercante y otros".

"Previamente, la U.S.A. había hecho gestiones ante el gobierno, porque no bien instaladas las nuevas autoridades se le pusieron trabas al funcionamiento de los locales gremiales, no se permitía la entrada y salida de nadie, ni siquiera de los empleados. Oficialmente no fueron clausurados, pero en los hechos fue como si estuvieran cerrados. Una delegación de la U.S.A. planteó el problema ante el Ministerio del Interior; el ministro Matías Sánchez Sorondo nos recibió enseguida".

—"¿Ustedes son anarquistas; ustedes son los que tiran bombas?, nos preguntó.

—No, nosotros somos exclusivamente sindicalistas...

—Bueno, porque igual los iba a recibir, y no les tengo miedo. Miren, los problemas del movimiento obrero los va a tratar el subsecretario; yo ya le he dado facultades a Bullrich; lo que él resuelva va a estar bien hecho; véanlo a él...".

"Y lo fuimos a ver al doctor Bullrich —Eduardo J. Bullrich—, que después fue presidente del Departamento Nacional de Trabajo en la presidencia del general Justo y nos resultó una persona extraordinaria. Le planteamos el problema, nos preguntó cuál era el carácter de la U.S.A., le dijimos que era de carácter sindicalista, que era apolítica...

—¿Algo así como la C.G.T. francesa?, nos preguntó.

—Exactamente, señor, algo así."

"Prometió de inmediato dar órdenes para que se autorizaran las actividades normales de los sindicatos, menos las asambleas, "para eso sí van a tener que pedir permisos especiales —agregó— porque la situación es muy particular; pero para las reuniones de comisión, ingreso y salida de afiliados no van a existir inconvenientes".

El primer secretario de la C.G.T.

La clausura de periódicos obreros y el encarcelamiento de redactores y de centenares de militantes en Villa Devoto, Martín García y Ushuaia y en el transporte "Chaco"[2]; la deportación de dirigentes gremiales por la ley 4.144 de Residencia[3], la fuga de refugiados sindicales y políticos a los países vecinos, las torturas y los fusilamientos[4], fueron la primera andanada del flamante gobierno de Uriburu contra el movimiento obrero. Los trabajadores, entonces, procuraron consolidar un muro de contención con la C.G.T.

"Al constituirse la nueva central sindical quienes la integraron en representación de la C.O.A. propusieron para la secretaría general a Luis Cerutti —explicó Cabona—. Quienes procedíamos de la U.S.A. lo aceptamos por dos razones: primera, porque siendo la C.O.A. numéricamente más importante, entendíamos, por razones de convivencia, que la secretaría debía ejercerla el candidato que sus representantes propusieran; segunda, porque no conocíamos a Cerutti. De haberlo conocido sólo medianamente, otra hubiese sido nuestra posición".

"Su posterior actuación nos demostró cuán errónea fue su designación para el importante cargo; hoy pienso que tan simple hecho haya sido uno de los factores de mayor gravitación para que la C.G.T. siguiera el camino que siguió. Cerutti carecía de las condiciones mínimas de espíritu de clase, del sentido de la lealtad y de la solidaridad obrera; dicho en pocas palabras, tenía mentalidad patronal".

"Poco después de creada la C.G.T., en plena dictadura uriburista, fue detenido Horacio Badaracco, militante libertario de La Plata. La esposa, probablemente tras agotar otros medios para obtener su libertad, recurrió al secretario Cerutti, quien de entrada la desalentó con estas inconcebibles palabras en boca de un militante sindical:

—Si su marido está preso, señora, por algo será. La policía no detiene a nadie sin motivo".

"Además de carecer Cerutti del espíritu de solidaridad proletaria, era sumamente tacaño. Recurría a cualquier argucia con tal de no pagar hasta los gastos más ínfimos. Vale la pena aclarar que esto ocurría en circunstancias en que Cerutti cobraba religiosamente su viático de cinco pesos diarios, mientras Silvetti y yo, que éramos quienes generalmente íbamos con él, no percibíamos suma alguna en tal concepto".

"Años después, con motivo de lamentables sucesos producidos en la C.G.T., utilizó ese hecho para formular contra nosotros una especie de acusación, manifestando que no sabía de qué vivíamos, cuando era público y notorio que lo hacíamos de nuestro trabajo y no de los viáticos de la organización".

Actividades iniciales de la central obrera

En medio de un marasmo financiero internacional, la

crisis se acentuaba en la Argentina, a pesar del gobierno de fuerza. El poder patronal se hacía sentir a través de las cesantías, el desconocimiento de la legislación laboral y la reducción de los salarios. En esta política se distinguía la empresa norteamericana Unión Telefónica, que se ensañó especialmente con los militantes de la nueva central obrera.

"Por esos años, como resultado de la crisis, se acentuó la falta de trabajo. No solo se formó la Villa Desocupación de Puerto Nuevo —enumeró Cabona—; también en las inmediaciones de Campana la gente se instaló en cuevas excavadas directamente en las barrancas; cerca de La Plata, contra los terraplenes del Ferrocarril Sud había centenares de familias viviendo casi a la intemperie. La C.G.T. se dirigió al gobierno para lograr un plan de obras públicas que sirviera para proporcionar trabajo e informó, a la vez, a las centrales sindicales de las naciones tradicionalmente proveedoras de inmigración, como Italia y España, cuáles eran las reales condiciones en que vivía la clase trabajadora argentina".

La C.G.T. se ocupó también de concentrar la acción de los sindicatos confederados en torno de un programa mínimo, el que se dio a conocer en abril de 1931 y que auspiciaba una ley que reconociera a los gremios personalidad para intervenir sin trabas en todas las cuestiones relacionadas con su función social. Ese programa de la C.G.T. solicitaba un seguro nacional contra la desocupación, enfermedad, ancianidad, invalidez y maternidad; propugnaba la supresión de las agencias de colocaciones ("los traficantes de crumiros") y de las compañías de seguros ("comerciantes del dolor de los obreros accidentados"); defendía la estabilidad en el trabajo y pedía la derogación de la Ley de Residencia.

"Eran medidas defensivas —aceptó Cabona—, pero eran las únicas posibles en medio de los zarpazos que venían de todos lados. Un hecho, aparentemente de poca importancia, da la pauta de las condiciones en que se desenvolvía la C.G.T. en sus primeros pasos; yo mismo fui el protagonista".

"Se había producido una huelga entre los sastres y la Cooperativa Israelita, ubicada en la calle Victoria (hoy Hipólito Yrigoyen) al 2200. En representación de la central obrera asistí a una de las asambleas del personal en huelga, al finalizar la cual pronuncié algunas palabras exhortando a los trabajadores a mantenerse firmes y unidos en defensa de la causa por la cual luchaban".

"Al día siguiente, en cumplimiento de otras gestiones, fuí a la entonces sección Orden Social de la policía, antecesora de Orden Gremial. Su jefe era el comisario Garibotto, "Don Juan" para sus subordinados, funcionario que a pesar de su cargo no tenía alma de policía, a tal punto que más de una vez nos manifestó que no obstante sus años de policía no podía resistir el llanto de una mujer que intercediera en favor de un familiar. En tales casos, si el detenido estaba acusado de alguna contraversión no muy grave o no había intervención judicial, era muy probable que obtuviese su libertad".

"Al ingresar al despacho de Garibotto me encontré con el agente de investigaciones que el día anterior había asistido a la asamblea de los sastres en huelga, el cual estaba informando a su jefe del resultado de su misión:

—Fíjese, don Juan, si será justa la huelga —oí que le decía— que hasta habló un representante del Departamento Nacional del Trabajo apoyando a los huelguistas'"

"El buen hombre, pero deficiente policía, había confundido a la Confederación General del Trabajo, en cuyo nombre yo había hablado, con el Departamento Nacional del Trabajo. Naturalmente, no tuve interés alguno en sacar al agente de su error; por el contrario, traté de mantenerme de espaldas, para no darle oportunidad de reconocerme. Pero no pasó nada; terminó su informe y se retiró con la tranquilidad del deber cumplido".

"En esa misma época era segundo jefe de Orden Social, el comisario Nicolás Morano, quien poco tiempo después sucedió a Garibotto en la Jefatura; Morano sí era policía de alma. Sin embargo, en cierta oportunidad nos hizo confidencias sorprendentes: "Si yo no fuera policía —llegó a decirnos a Silvetti y a mí— sería anarquista". Probablemente influían en esta opinión su elevado concepto del valor civil de las personas y su parentesco con Rilo, un eximio dibujante que a comienzos del siglo militó en las filas libertarias, ideología con la que siguió identificado hasta el fin de sus días".

Características de los dirigentes

En 1932 se produjo una huelga del personal telefónico que se prolongó cerca de dos meses[5]; en su transcurso ocurrieron numerosos actos de sabotaje, los cuales en algunos casos, y por la audacia que ellos denotaban, se atribuyeron a elementos de la empresa. Se pensó que los provocaban para que las autoridades adoptasen medidas contra los huelguistas, pues no podía concebirse que se cortasen cables a escasos metros de algunas comisarías y que se incomunicase a la Casa de Gobierno.

"Los actos de sabotaje motivaron numerosas detenciones de huelguistas y se les secuestraban, a muchos de ellos, las sierras utilizadas para el corte de cables —narró Cabona—, lo que daba lugar a las consabidas gestiones para obtener la libertad de los presos. En cierta oportunidad un oficial de la sección Orden Social, de apellido Camponovo, nos señalaba que los saboteadores ni siquiera habían tenido la precaución de adquirir las mencionadas "herramientas" en distintos comercios.

—Todas las sierras son de la misma marca y modelo —nos dijo—, como si hubiesen sido compradas al por mayor.

Y probablemente no se equivocaba...".

"Con motivo de esa misma huelga los compañeros telefónicos designaron a un muchacho de apellido Berdichevsky, que falleciera poco años después en plena juventud, para atender la cuestión de los presos. En su primera gestión, que realizó junto con Silvetti y conmigo, ante el mencionado oficial Camponovo, se despachó Berdichevsky con un discurso contra los gobiernos y las autoridades policiales que perseguían a los huelguistas".

"Camponovo tomó el asunto en solfa y lo dejó hablar; cuando terminó la arenga le preguntó:

—¿Usted es la primera vez que interviene en estos asuntos?

—Sí, nunca lo hice antes, respondió el joven telefónico.

—Ya me parecía. Deje hablar a los señores, que tienen más experiencia.

Terminada la gestión, al salir del Departamento de Policía, le señalamos al bueno de Berdichevsky que los discursos de barricada difícilmente servían para convencer a los funcionarios policiales de la justicia de las reclamaciones".

Aquello que caracterizaba a los dirigentes y militantes obreros de toda esa época era, generalmente, un insaciable anhelo de aumentar su cultura, y con ese objeto leían cuanta publicación de carácter social o literario caí en sus manos, en su gran mayoría de origen socialista o anarquista. Los conocimientos así adquiridos eran diestramente manejados en sus escritos o discursos, a pesar de que incurrieran en los errores propios de los autodidactas. Es importante resaltar que muchos de ellos, por razones económicas, ni siquiera habían cursado la escuela primaria.

Durante el conflicto telefónico que se viene mencionando, "en una numerosa y entusiasta asamblea del personal en huelga —recordó Cabona—, hacía uso de la palabra el después diputado nacional peronista Modesto Orozco. Al referirse a los grandes gastos que efectuaba la empresa norteamericana Unión Telefónica para contrarrestar el movimiento de fuerza dijo entre otras cosas:

—"...porque es muy fácil ser caritativo y misántropo con el dinero ajeno.

"Había incurrido en el error de confundir misántropo con filántropo, que tampoco venía al caso. En el escenario, donde nos hallábamos, estaba también Manuel Camaño, miembro de la Comisión Directiva de la Unión Ferroviaria y del Comité Central de la C.G.T., quien por lo bajo se creyó obligado a enmendarle la plana al orador aclarando:

—"¡Qué bárbaro! Misántropo es el que se come a los chicos crudos." El corrector, a su vez, había confundido misántropo con antropófago, con lo que la enmienda resultó peor que el soneto".

La solidaridad venció al sectarismo

Al constituirse la C.G.T., en 1930, Cabona integró como tesorero su primera Mesa Directiva, cargo que declinó dos años después por razones de trabajo, conservando su condición de miembro del Comité Central Confederal.

"A mediados de 1932 me vi precisado a dejar mi oficio de mimbrero, como consecuencia de la aguda crisis que afectaba a ese gremio, logrando embarcarme en un buque tanque de la Compañía Transportadora de Petróleo, empresa subsidiaria de la West India Oil Co, que hacía la carrera entre Formosa, donde estaban los depósitos de crudo salteño, y Campana, donde la W.I.O.C. tenía su destilería".

"Mi inexperiencia cómo marinero fue superada gracias a la buena voluntad de los compañeros de trabajo, que me daban las indicaciones para que mi desempeño fuera por lo menos discreto, cuando no me reemplazaban en las tareas riesgosas, como las de bajar al cuarto de cadenas, cuando el barco levaba anclas, para acomodar la enorme cadena en un recinto de reducidas dimensiones, donde, si no se procedía con destreza y rapidez, existía el peligro de accidentes de gravedad imprevisible, situación que se repetía en las maniobras de amarre. Bien o mal, pero siempre tratando de no ser una carga para los restantes marineros, fui adquiriendo la baquía necesaria".

"La vida en común hace que a bordo se intime con los compañeros y se converse con ellos sobre todos los temas, en mí caso, muy particularmente sobre los sindicales. Cuando ya llevaba un par de meses, estando una tarde con varios marineros, después de cumplido el horario de trabajo, uno de los timoneles, cuyo apellido lamento no recordar, me dijo:

—Dígame, Cabona, ¿por qué usted siempre dice que es de la C.G.T.?

—Primero, porque soy miembro del Comité Central Confederal y, segundo, porque no hay nada deshonroso en serlo, sino todo lo contrario.

Me explicó entonces el buen amigo que al producirse mi embarque —que efectué mediante la correspondiente autorización de la sección marineros de la Federación Obrera Marítima, a la cual llegué con el pase de mi sindicato—, uno de los directivos de esa sección, Mauricio González, había reunido a algunos de los tripulantes del barco en el que yo estaba y tras contarles no sé qué historia sobre el peligro que mi presencia implicaba para la F.O.M., terminó incitándolos para que en la primera oportunidad propicia me arrojaran al agua. Mi conducta correcta de todos los días los había convencido de que se trataba de una infamia, por lo cual habían convenido en poner el caso en mi conocimiento".

"Quiero aclarar que, a pesar de embarcarme como marinero, el permiso que gestioné ante la Prefectura Marítima fue de mozo, dado que el personal de cámara y de cocina no se le exigía entonces saber nadar, como si la vida de un mozo, mayordomo o cocinero no tuviese el mismo valor que la del resto de los tripulantes...".

"En esa oportunidad, el compañerismo de los trabajadores pudo más que el sectarismo de los dirigentes, porque no me cabe la menor duda de que todo obedecía a que yo no compartía la posición ideológica de quienes conducían a los marítimos".

División obrera

En la noche del 12 de diciembre de 1935 un grupo de dirigentes ocupó la sede de la C.G.T. —que estaba en el tercer piso del edificio de la Unión Ferroviaria, en Independencia 2880 de la Capital Federal—, declaró caducas las autoridades y constituyó una Junta Provisional para organizar sin tardanza el Congreso Constituyente, que ya había sido convocado.[6]

El golpe de fuerza fue encabezado, entre otros, por Luis Cerutti y José Domenech, de la Unión Ferroviaria; José Manganiello, director de La Fraternidad; Angel C. Borlenghi y José V. Argaña, de Empleados de Comercio; Isaac Pérez, Enrique Porto y Luis Amodio, de la Unión Tranviarios; José V. Tesorieri, de la Asociación Trabajadores del Estado, y Francisco Pérez Leirós, de la Unión Obreros Municipales.

Jacinto Oddone, que en su libro *Gremialismo Proletario Argentino* apoyó esa actitud, destacó que en los directivos depuestos existía siempre el temor de que se creyera a la C.G.T. identificada de alguna forma con el partido Socialista. Así cuenta que, en una oportunidad en que Mario Bravo invitó a un dirigente ferroviario para conversar sobre la posibilidad de que el gremio y el socialismo realizaran juntos el mitin del 1° de Mayo, éste se hizo acompañar a la reunión por dos testigos para que dejaran constancia de que no se había hablado de política[7].

Los miembros del Consejo desalojado protestaron con indignación por lo que calificaron de asalto y atropello. En un comunicado destacaron que las ambiciones personales jugaron un papel preponderante, porque en los nuevos estatutos se iba a establecer que no podía ejercer simultáneamente un cargo representativo de la central de los trabajadores y un mandato político y se dispondría que para ser miembro del Comité Confederal era necesaria la condición de obrero en ejercicio de su oficio.[8]

Desde hacía tiempo se venían discutiendo esos problemas, "en el año 32, cuando se convocó a elecciones en el país, el partido Demócrata Nacional designó a Bernardo Becerra —miembro del Comité Confederal de la C.G.T. y de la comisión directiva de la Unión Ferroviaria— candidato a diputado nacional por la provincia de Buenos Aires —rememoró Cabona—. Por especulación electoral los conservadores lo designaron candidato aunque no era afiliado; cuando nos enteramos los del grupo sindicalista de la C.G.T. inmediatamente planteamos el problema. Hubo una reunión dramática sobre la cuestión en la que no se llegó a ninguna conclusión, y se pasó a cuarto intermedio hasta unos días después. En el interín, Becerra presentó la renuncia al Comité Central Confederal y desapareció el problema; pero ese fue el primer choque que hubo en la C.G.T. sobre el apoliticismo gremial".

"En el 33 y 34 comenzó a superarse la crisis económica y empezaron los sindicatos a encontrarse en mejores condiciones para plantear reivindicaciones y recuperar lo que habían perdido. Allí toma virulencia el asunto de la incompatibilidad política y gremial. En el Congreso de la Unión Ferroviaria de junio de 1935 se aprobó que los miembros del Secretariado, Comisión Administrativa y Comité Nacional Confederal de la C.G.T. no podrían ser candidatos a ninguna función política determinada; esta decisión tenía suma importancia porque la Unión Ferroviaria, por su número, era el eje del Congreso de la C.G.T."

"Los grupos socialistas fueron incitados entonces por la Comisión partidaria de Información Gremial para impedir de alguna forma el resultado previsible. No encontraron otra solución que apoderarse del local de la Unión Ferroviaria, que era donde tenía su sede la C.G.T., y no nos permitieron la entrada a los sindicalistas. El Congreso de la C.G.T estaba convocado para marzo de 1936 y hubo que postergarlo a pedido de la propia Unión Ferroviaria. Finalmente se reunió, después de los incidentes mencionados, desconociendo los seis años anteriores, porque el partido Socialista quería una central obrera complaciente con sus posiciones políticas".

"La división se manifestó con la existencia de dos centrales —sintetizó Cabona—: una con sede en Independencia 2880 y la otra en Catamarca 577. La última se diluyó después de una tentativa de resurrección de la Unión Sindical Argentina que careció de trascendencia. De no haberse producido los hechos de diciembre de 1935, otra muy distinta pudo haber sido años después la suerte del país y de los trabajadores".

Militantes de acción destacada

Simultáneamente con su actividad gremial. Cabona se convirtió en el albacea del sindicalismo argentino, y procuró que con el tiempo no cayeran en el olvido los precursores de la acción obrera. Uno a uno los fue recordando con discursos, semblanzas y escritos en los que anotó sus rasgos distintivos.

"Bartolomé Senra Pacheco, de procedencia anarquista, fue un orador brillante y poeta inflamado, su prematura desaparición restó al sindicalismo una llamativa figura de la bohemia de comienzos del siglo, destinada a cumplir por su esclarecida personalidad una trayectoria brillante —detalló en sus pinceladas breves pero completas—. Rodolfo Pongratz, procedía de un sindicato minúsculo, el de los taqueros (que confeccionaban tacos para calzado de mujer), gremio que posteriormente se integró a la industria del calzado. Pongratz aprendió después el oficio de linotipista. Orador meduloso y excelente escritor, fue por breve tiempo secretario general de la U.S.A. Poco antes de su fallecimiento colaboró asiduamente en la campaña que el periódico de esa central realizó entre 1928 y 1930 en favor de la unidad de los trabajadores, que culminó con la creación de la C.G.T.".

"Lucas Fabiano, de procedencia socialista, de cuyo partido se había alejado —decía— para conservar la ilusión del socialismo, fue una de las mentalidades más conspicuas con que contó el gremialismo. Hablaba y escribía, además de español, los idiomas francés, inglés e italiano. Su extraordinaria modestia lo hizo actuar casi siempre en segundos planos, como colaborador anónimo u hombre de consejo. Otro gran valor fue Carlos Martínez, de formación anarquista, que era un bohemio incorregible. Poseía la mente mejor organizada de los sindicalistas que hemos conocido. Tanto sus escritos como sus discursos eran modelo de construcción y de equilibrado razonamiento. Su abulia hizo que se frustrase en él un escritor excepcionalmente dotado y que podía cultivar géneros diversos".

"Otra figura poco común fue Atilio R. Biondi, anarquista, del Sindicato de Caldereros, consubstanciado con los principios autonómicos del sindicalismo, fue uno de los condenados —junto con Enrique García Thomas y Hermenegildo Rosales— en el proceso incoado al diario *Bandera Roja* en 1919, habiendo purgado varios años de cárcel en el penal de Ushuaia; por su acrisolada honradez y el cuidado que ponía en la inversión del dinero colectivo, Biondi era el tesorero nato de cuanto comité integrara, cargo que desempeñó en la U.S.A. durante varios períodos".

"Del núcleo entrerriano se destaca con perfiles netos la recia personalidad de Jaun Balsechi. El manco Balsechi —había perdido su brazo izquierdo como consecuencia de una refriega con rompehuelgas— era una figura consular. Era en el ámbito de su provincia un ejemplo de la capacidad creadora de la clase obrera organizada. Fue el inspirador de la creación de la Unión Obrera Departamental de Concepción del Uruguay y de la Unión Obrera Provincial de Entre Ríos, entidad ésta que llegó a contar con un medio centenar de sindicatos adheridos, en la constitución de la mayoría de los cuales tuvo activa participación. Otra de las creaciones de la que Balsechi fue entusiasta animador, fue la cooperativa "El Despertar del Obrero", que abarcaba los ramos de panadería, carnicería, granja, almacén, imprenta, etc., institución que por la importancia de su operacions se constituyó en reguladora de los precios y salarios de la zona".

"En la zona de Mechita y Bragado hubo también un importante movimiento sindical que se nucleaba alrededor de las organizaciones de ferroviarios y albañiles, del cual eran cabezas pensantes y permanentes animadores Teófilo Ponce y Matías Mendizábal, ambos ferroviarios de brillantes aptitudes y sólidos principios, cuya influencia se extendió a toda la línea de entonces Ferrocarril

Oeste (hoy Ferrocarril Sarmiento), Rosario fue también escenario de épicas luchas de los asalariados por la conquista de un mundo más justo. De quienes actuaron en ese ámbito, recordamos —escribió Cabona— a Victorino Rodríguez, libertario, militante capaz, entusiasta y con acusado sentido de la convivencia, que se constituyó en permanente animador del Centro Empleados de Comercio y de cuanta actividad sindical sana se desarrolló en su medio. Terminando con las menciones personales, recordemos a Félix Godoy, que actuó primitivamente en la Capital Federal y en los últimos años de su vida se trasladó a Cosquín, ciudad donde representó a la U.S.A.; allí resultó muerto en un tiroteo que sostuvo con elementos al servicio de la patronal, finalizando así una vida arriesgada y valiente puesta siempre al servicio de su clase".

Al servicio de los trabajadores

En su indeclinable batallar, Cabona ingresó más tarde en la seccional Ensenada de la Asociación Trabajadores del Estado, por haber entrado a formar parte del personal obrero de la destilería local de Y.P.F. Trasladado a la Capital Federal, fue de inmediato prosecretario de la seccional local de la A.T.E., entidad de la que también fue secretario general y miembro de su Consejo Directivo Central, participando asimismo en varios congresos del gremio.

Entre 1935 y 1937, como secretario general de la seccional Buenos Aires de la A.T.E., estuvo con licencia gremial de Y.P.F., finalizada la cual retornó al trabajo en la misma condición de supernumerario que tenía al obtener la licencia gremial, lo que significaba no gozar de vacaciones, ni de salario familiar, ni otras ventajas sociales.

"La actividad de la C.G.T. (Catamarca 577) después del año 1935 fue intrascendente —afirmó Cabona—, y de inmediato en la C.G.T. de Independencia que fue la que sobrevivió, se iniciaron las luchas intestinas por el predominio de la dirección, en las que participaron Pérez Leirós, Borlengui, Domenech y otros. También los comunistas comenzaron a pesar sindicalmente".

"Así llegaron a 1942 en que sufrieron una nueva

escisión, motivada, no como en el caso anterior por discrepancias en su orientación, sino por rivalidades y ambiciones personales entre sus dirigentes, dando origen a las llamadas C.G.T. Nro. 1 y C.G.T. Nro. 2, que fue una disputa muy inferior".

"A nuestra posición se le hizo objeto, reiteradamente por parte de los socialistas, de la imputación de servir, al socaire de una supuesta prescindencia política, los intereses de los gobiernos de turno. El cargo, analizado ahora, desapasionadamente, y ya con alguna perspectiva histórica, podría tener cierta justificación por cuanto a los únicos partidos que los sindicalistas atacaban eran al socialista y, posteriormente, al comunista; con los anarquistas coincidían en su apoliticismo. Pero también la conducta de los sindicalistas tenía su explicación: el hecho de que los restantes partidos —radical, conservador, demócrata progresista, etc.—, no habían descubierto todavía el rico filón electoral que representaban los sindicatos y por lo tanto no mostraban mayor interés en su captación para ponerlos a su servicio".

Al crearse el Sindicato del Personal de Y.P.F. se afilió Cabona sin dilaciones, no registrando actividad visible, salvo en los núcleos de oposición. Luego se jubiló, circunstancia que no fue obstáculo para que continuara como afiliado del S.U.P.E. y actuando, además, en mutuales, cooperativas, difundiendo de palabra o por escrito, aspectos de la lucha social argentina.

Andrés Cabona ha consagrado su existencia a numerosos gremios, periódicos obreros y centrales sindicales con una imbatible vocación puesta al servicio de los trabajadores. En su figura erguida y movediza, vivió siempre un espíritu desinterado, valiente e indoblegable; en su rostro risueño se destacan sus ojos de gran vivacidad, para los que nada de lo humano es ajeno. Abundan los dirigentes que viven del movimiento obrero; Cabona ha vivido para el sindicalismo.

Andrés Cabona, secretario del Sindicato del Mimbre.

Apéndice:

textos de Andrés Cabona

LAS CENTRALES SINDICALES ARGENTINAS

La lucha por una organización sindical de carácter nacional y más tarde por su unidad, tuvo en el país múltiples y en algunos casos azarosas contingencias que trataremos de enumerar en una apretada síntesis.

La primera tentativa de creación de una Central Nacional del Proletariado Argentino se remonta al año 1890 y está intimamente vinculada con la primera celebración del 1° de Mayo. A comienzos de ese año, el Club Worwaerts (Club Adelante), integrado por socialistas alemanes emigrados, promueve la realización de un acto público para celebrar en Buenos Aires el día de los trabajadores, que el año anterior había sido declarado día del trabajo en el Congreso Internacional Obrero efectuado en París.

El acto se cumplió al aire libre, en pleno barrio norte, en el Prado Español, situado en la actual avenida Quintana entre Junín y Ayacucho, con sorprendente éxito de público, que escucha entusiasmado las exposiciones de numerosos oradores —alrededor de quince—, algunos de los cuales se expresan en su idioma nativo (alemán, francés e italiano) por no tener suficiente dominio del castellano.

Allí se dio lectura a un petitorio suscripto individualmente por más de 7.000 personas, para ser presentado al Congreso de la Nación, en el que ya entonces se propugnaba la sanción de una legislación del trabajo de sentido progresista y constructivo que solo algunas décadas después tuvo principio de aplicación.

Entre los doce puntos que incluían el memorial, figuraban: Jornada de trabajo de 8 horas, para los adultos y 6 hs. para los menores, con prohibición del trabajo para quienes no hubiesen cumplido 14 años, en tiempos en que era común que en los talleres se ocupara a niños de 8 y 10 años que debían cumplir el mismo horario de los adultos, que generalmente era de 12 a 14 hs. por jornada. Se propiciaba, asimismo, un descanso ininterrumpido de 36 hs. semanales, lo que constituye un anticipo del llamado sábado inglés, cuya ley limita a 35 hs. el descanso continuado (entre las 13 hs. del sábado y las 24 del domingo).

Se solicitaba también que se prohibiera el trabajo nocturno para las mujeres menores de 18 años; la inspección sanitaria de las habitaciones y la vigilancia sobre la fabricación de comestibles y bebidas, y la sanción a los adulteradores; la creación de tribunales integrados por obreros y patrones para la solución pronta y gratuita de los diferendos entre unos y otros. De más estará decir que el petitorio jamás fue considerado por el Congreso.

Como consecuencia del éxito del mitin de 1° de Mayo de 1890, se iniciaron trabajos tendientes a unir a los escasos sindicatos existentes en una federación nacional, iniciativa que se concreta en enero de 1891 con la creación de la *Federación de Trabajadores de la Región Argentina*, entre cuyos objetivos anuncia la necesidad de la unión de los asalariados para defender sus intereses morales y materiales en sociedades puramente obreras, con vistas a la solidaridad en todos los casos en que se luche por los intereses gremiales, propiciando, además, el mejoramiento cultural de los trabajadores mediante la prensa, bibliotecas, conferencias, folletos, etc. . .

La *Federación de Trabajadores de la Región Argentina* tuvo vida efímera, las disensiones internas producidas en su seno entre socialistas y anarquistas, por el carácter partidista que su 2° Congreso realizado en 1892 le había impreso a favor de los primeros, y la negativa gravitación que en su vida tuvo la aguda crisis económica que en esa época padeció el país y que motivó la emigración de numerosos de sus militantes, produjo su disolución ese mismo año, frustrándose así la primera tentativa de existencia de una central obrera en el país.

Plausibles iniciativas de negativos resultados

El 17 de agosto de 1894, sobre la base de diversos sindicatos de oficio se constituye la *Federación Obrera Argentina* (F.O.A.). Los sindicatos que adhirieron a su creación fueron los de Constructores de Carruajes, Herreros, Mecánicos, Tipógrafos, Toneleros, Hojalateros, Carpinteros, Fideeros, Talabarteros, Torneros, Pintores, Albañiles, Yeseros, Escultores y Moldeadores, Mayorales y Cocheros de Tranvías, Panaderos y Sociedad de Socorros Mutuos y Mejoramiento Social de Trabajadores de Tolosa (Buenos Aires).

La F.O.A. como antes la F.T.R.A. se diluye como consecuencia de haberse aprobado un programa "semejante al de la primera Federación, que más se adaptaba para un partido político que para una organización gremial", según afirma Jacinto Oddone en su libro *Gremialismo Proletario Argentino*.

La tercera tentativa tiene comienzos de materialización el 8 de junio de 1896 y se concreta el 21 de diciembre de ese mismo año, en una reunión a la que asistieron representantes de los gremios de Sastres, Herradores, Relojeros, Plateros y Artes Afines, Federación de las Artes Gráficas, Toneleros, Fideeros, Mecánicos, Fundidores, Ebanistas, Talabarteros y Pintores, habiendo adherido por nota los de Obreros en Madera, Albañiles, Constructores de Carruajes, Doradores, Carpinteros de Instalaciones, Alfombristas, Cortadores de Calzado, Galponistas, Vidrieros y Zingueros.

Una vez más, las rivalidades entre socialistas y anarquistas frustran la nueva tentativa de estabilización de la nueva Central —cuyo nombre no ha quedado registrado— y ésta se disuelve a fines de 1897, como consecuencia de la lucha de tendencias entablada en su seno.

A comienzos de 1900 se inician nuevos trabajos para crear una entidad gremial de carácter federativo. Una comisión integrada por Francisco Cúneo, Angel Sesman y Vicente Rosaenz, proyecta la constitución de una *Federación General de Organizaciones Obreras de Buenos Aires*, que tendría por objeto gestionar de las autoridades la sanción de leyes reglamentarias de la jornada de trabajo para adultos, mujeres y niños; de descanso dominical; de accidentes de trabajo; de tribunales arbitrales, formados por obreros y patrones; de higienización de la vivienda obrera; y de pensiones y subsidios para ancianos e inválidos, pero la iniciativa no llegó a concretarse.

Surgimiento de la filosofía sindicalista

A fines de ese mismo año se inicia una reacción de

parte de algunas organizaciones contra la intromisión de partidos e ideologías en el movimiento obrero. Por iniciativa del sindicato de Ebanistas, a la que apoyan los Talabarteros, Cepilleros y Pinceleros, Picapedreros, Pintores, Artes Gráficas, Constructores de Carruajes, Mecánicos y Marmoleros, se resuelve editar un periódico "de propaganda obrera, independiente de todo partido o secta".

El periódico se denomina *La Organización* y su primer número aparece el 1° de enero de 1901, con el nacimiento del siglo XX. Podríamos decir que con este periódico nace en el país la filosofía sindicalista que sostiene la capacidad de los trabajadores organizados para regir sus propios destinos, sin necesidad de tutelajes políticos o ideológicos, teniendo en cuenta que los asalariados se organizan por identidad de intereses y no por afinidad de ideas.

El 25 de Mayo de 1901, con asistencia de 15 sindicatos de la Capital Federal y 12 del interior, representados por 28 y 21 delegados, respectivamente, queda constituida una nueva central obrera que nuevamente adopta el nombre de *Federación Obrera Argentina*. En la reunión constitutiva se vota por unanimidad una declaración coincidente con el espíritu del periódico *La Organización*, en la que se afirma que la nueva Central "no tiene compromiso de ninguna clase con el partido Socialista ni Anarquista, ni tampoco con otro partido político alguno".

En abril de 1902, la F.O.A. realiza su II Congreso y de él se retiran 19 sindicatos, que serán la base de creación, en marzo de 1903, de la *Unión General de Trabajadores* de inspiración socialista. Con ella se inicia la serie de centrales obreras que en distintos períodos coexisten en el país y que dan lugar a reiteradas acciones en favor de la unidad sindical.

En 1904 la F.O.A. adopta el nombre de *Federación Obrera Regional Argentina* (F.O.R.A.), la cual en su 5° Congreso, efectuado en agosto de 1905, incluye en su carta orgánica los principios económicos y filosóficos del comunismo anárquico.

Coexisten, pues, dos centrales nacionales: la F.O.R.A., embanderada en el anarquismo y la U.G.T., de tendencia socialista.

En el VI Congreso de la F.O.R.A., desarrollado en

setiembre de 1906, se aprueba una resolución propiciando la realización de un congreso de unificación de todas las instituciones obreras del país. Esta iniciativa es asimismo aprobada en el IV Congreso de la U.G.T., que se cumple en diciembre de ese mismo año.

El Congreso de unificación se inicia el 28 de marzo de 1907 y a él asisten 65 organizaciones de la Capital y 53 del interior con 123 y 75 delegados, respectivamente, pertenecientes a las dos centrales existentes y a sindicatos independientes de ambos, ante la esperanzada mirada de los trabajadores del país. Pero una vez más, el sectarismo, esta vez de un grupo de sindicatos de la F.O.R.A. que insiste en mantener la cláusula del comunismo anárquico, hace malograr el propósito de unidad.

Nuevas tentativas y sucesivas frustraciones

Después del Congreso de 1907 la situación obrera se retrotrajo al estado anterior a él: existencia de dos centrales. La F.O.R.A. de tendencia anarquista, y la Unión General de Trabajadores, de inspiración socialista, pero en la cual día a día alcanzaba mayor significación la posición netamente sindicalista. Existían, además, diversos sindicatos que se mantenían al margen de una y otra.

En agosto de 1908, por iniciativa de la Federación Nacional de Obreros Constructores de Carruajes, se realiza una reunión a la que asisten delegados de 17 sindicatos, en la que se resuelve "emprender cuanto antes la obra para que pueda ser en breve una realidad la tan anhelada unificación de las fuerzas obreras".

Los reunidos designan una comisión para redactar las bases generales de unidad y convocar un congreso para considerarlas. El congreso tiene efecto en febrero de 1909, participando solamente 16 organizaciones gremiales, pertenecientes a la F.O.R.A., U.G.T. y autónomos, decidiéndose la formación de un Comité Pro Fusión, que integran un delegado del sindicato de Ebanistas, otro del de Carpinteros, afiliados respectivamente a la U.G.T. y F.O.R.A., tres de las instituciones autónomas y cuatro a designar por los cuerpos directivos de las centrales mencionadas a razón de dos por cada una. La F.O.R.A. persistiendo en su actitud negativa, no designó sus representantes.

El Comité Pro Fusión convocó un nuevo congreso de unificación, el que se reúne en setiembre de ese año con asistencia de 42 organizaciones, entre ugetistas, foristas e independientes, resolviéndose en él la creación de la *Confederación Obrera Regional Argentina* (C.O.R.A.). Esta adopta la forma de organización federativa "a fin de garantizar una completa libertad y autonomía del individuo en el sindicato y del sindicato en la Federación".

A la C.O.R.A. se incorporaron la totalidad de los sindicatos de la U.G.T., una parte de los de la F.O.R.A. y algunos autónomos, quedando subsistentes dos centrales: la C.O.R.A. de reciente constitución, y la vieja F.O.R.A. aunque debilitada ésta por el alejamiento de importantes sindicatos. Una vez más, pues, se frustra el propósito de establecer una sola central sindical.

En diciembre de 1912 se efectúa el tercer congreso con vistas a fusionar a las dos centrales existentes y a los sindicatos que se mantienen al margen de ambas, en una sola entidad representativa del proletariado del país. Y una vez más la posición intransigente de la F.O.R.A., malogra el propósito.

En junio de 1914 la C.O.R.A. realiza su primer congreso, que denomina de concentración, al que invitó a todos los sindicatos del país, federados o no.

Uno de los temas considerados es el de la unidad acordándose la posibilidad de que los sindicatos se vuelquen en una de las centrales existentes, a cuyo efecto la reunión pasa a cuarto intermedio hasta agosto de ese mismo año. En el interín una comisión especial realiza gestiones ante los cuerpos directivos de la F.O.R.A., encontrando favorable predisposición para la unidad.

Reanudado el congreso en la fecha indicada, se acuerda la adhesión en masa a la F.O.R.A. En una circular emitida por la C.O.R.A. dando cuenta de lo resuelto por el congreso de concentración, señala que los defectos que pueda tener la F.O.R.A. son susceptibles de ser corregidos "en un próximo congreso, cuya convocatoria se hará, estamos seguros, dentro de la mayor brevedad".

La incorporación incondicional y en masa a la F.O.R.A. constituye un habilidoso arbitrio para desarmar a quienes con anterioridad habían puesto reiteradas trabas a los propósitos unionistas de la mayoría de los trabajadores; puesto que la montaña no va a Mahoma, habránse dicho los sustentadores de esa iniciativa, que vaya Mahoma a la montaña. Pero tampoco esta vez se obtuvo el resultado deseado, como se verá a renglón seguido.

Independencia sindical frente a las ideologías

En abril de 1915 realiza la F.O.R.A. su IX° congreso, con la mayor participación de sindicatos y delegados de los efectuados hasta entonces. El punto clave que debía considerarse era el de la finalidad de la institución. La resolución que al respecto se aprueba, proyectada por una comisión de la que forman parte delegados de distintas maneras de pensar, expresa que "la F.O.R.A. no se pronuncia oficialmente partidaria ni aconseja la adopción de sistemas filosóficos ni ideologías determinadas", recordando así la central obrera su autonomía frente a partidos y sectas que había perdido al aprobarse en su V° congreso la recomendación del comunismo anárquico.

Esta resolución determina que una minoría de sindicatos se alce contra la decisión del congreso y resuelva mantener la existencia de la F.O.R.A. anarquista conocida desde entonces como del V° Congreso mientras la auténtica se denominó del IX° Congreso, dado que en esa reunión había asumido una posición netamente sindicalista. La F.O.R.A. del IX° congreso alcanzó en los años subsiguientes extraordinaria gravitación, desarrollando una intensa actividad que llevó la acción civilizadora del sindicalismo a todo lo largo y lo ancho del país.

Nacimiento de la Unión Sindical Argentina

En marzo de 1922, en un nuevo congreso convocado por un Comité de Unidad y en el que participaron 102 sindicatos de la F.O.R.A. del IX° congreso, 60 autónomos y 14 de la F.O.R.A. del V° congreso, dio existencia a una central que tuvo también relevante actuación en luchas gremiales del país, a través de sus ocho años de azarosa y nada fácil trayectoria.

En el Congreso constituyente de la U.S.A. hizo sus

primeras armas en el sindicalismo de orden nacional, el autor de estas líneas en representación de un minúsculo sindicato que sin embargo tenía una honrosa trayectoria desde su fundación en 1901, el de Obrero en Mimbre.

La creación en 1922 de la Unión Sindical Argentina tampoco resolvió el problema de la unidad de los trabajadores organizados, pues si bien la F.O.R.A. del IX° congreso, respetuosa de lo resuelto por la mayoría de sus sindicatos, se dio por disuelta, quedó subsistente la otra F.O.R.A. la llamada del V° congreso, aunque muy disminuída en el número de organizaciones afiliadas, a tal punto que puede asegurarse que a partir de entonces fue perdiendo significación en el escenario gremial argentino. Además, quedó al margen de la nueva central un importante número de sindicatos que por distintas motivaciones no se incorporó o con el correr del tiempo se fue alejando de ella.

Entre las más importantes organizaciones que permanecieron o se colocaron al margen de la U.S.A. estaban las de ferroviarios, representados por La Fraternidad, formada por el personal de tracción, y la Federación Ferroviaria, que representa a los trabajadores de Tráfico (guardas, señaleros, empleados de vías y obras, etc.) y de talleres. Más tarde entre las entidades mencionadas se constituyó la Confraternidad Ferroviaria, integrándose con los sindicatos de Tracción (La Fraternidad) y los Tráficos y Talleres (ex Federación Ferroviaria). Estos últimos, el 6 de octubre de 1923, dan nacimiento a la Unión Ferroviaria.

Tres Centrales y otra en ciernes

Marginados de la U.S.A. los ferroviarios, que era el núcleo sindicalizado numéricamente más importante, la unidad gremial siguió siendo una vehemente aspiración de los trabajadores argentinos, máxime cuando en 1926, sobre la base de la Confraternidad Ferroviaria a la que se suman unos pocos sindicatos más, se constituye la *Confederación Obrera Argentina* (C.O.A.). Con ella llegan a ser tres las centrales existentes, más otra en ciernes que bajo distintas denominaciones propiciaban los comunistas, que a comienzos de esa década hacen su aparición en las lides por el predominio sindical libradas hasta entonces entre socialistas, anarquistas y sindicalistas. Desde el primer momento los comunistas pretendieron dominar al movimiento obrero o por lo menos tener una central a su servicio, aspiración que hasta hoy no lograron concretar.

En 1927 el congreso constituyente de la Federación Obrera Poligráfica Argentina (F.O.P.A.) encomienda a su cuerpo directivo iniciar tratativas para lograr el entendimiento entre las tres centrales existentes: U.S.A., C.O.A. y F.O.R.A., con vistas a obtener su unidad orgánica.

Tras largas gestiones previas tendientes a lograr un clima propicio a los propósitos perseguidos, la F.O.P.A. plantea oficialmente la cuestión a la U.S.A. y a la C.O.A., debiendo descartar a la F.O.R.A., que en momento alguno accedió al anhelo unificador de la entidad nacional representativa de los trabajadores de imprenta.

De común acuerdo entre las tres entidades (U.S.A., C.O.A. y F.O.P.A.) se designa una comisión integrada por Alejandro Silvetti, Pascual Plescia y José Milani por la primera; José Negri, Camilo Mollo y Cayetano Sica por la C.O.A.; y Sebastián Marotta, Pedro González Porcel y Manuel Punyet Alberti por la última, para concretar las bases de entendimiento entre la U.S.A. y la C.O.A.

El artículo 1° de las bases acordadas sintetiza admirablemente el espíritu de independencia que sus autores entendían debía caracterizar a la nueva central a instituirse.

"Con el fin de mantener permanentemente su unidad orgánica y la armonía entre sus miembros —decía— la central obrera que resulte del acuerdo entre la U.S.A. y la C.O.A. será independiente de todos los partidos políticos y las agrupaciones ideológicas. En tal virtud no se inmiscuirá en la forma de encarar los problemas que agitan a éstos y, en reciprocidad, reclamará para la organización sindical la observancia de una conducta igualmente respetuosa".

Estas bases, que constaban de ocho artículos que regirían provisionalmente la vida orgánica de la nueva central, fueron puestas a consideración de sus respectivas organizaciones adheridas por los cuerpos directivos de ambas centrales. En la U.S.A. se pronuncian 51 sindicatos en favor de las bases de unidad; 10 en favor de la unidad pero contra las bases o por su modificación; uno abstenido y uno no computado. En la C.O.A., sobre 29.451 votos emitidos, 28.002 son favorables a la unidad y a las bases convenidas; 1.323 contrarios y 126 indefinidos. Vale decir que ambas instituciones se pronuncian por abrumadora mayoría en favor de la unidad y de sus bases.

A pesar de ello transcurren varios meses sin que la ansiada fusión de las dos centrales se concrete. Un episodio ajeno a la órbita sindical, pero de indudable gravitación sobre su futuro por su significación reaccionaria, como es la revolución que el 6 de setiembre de 1930 depone al presidente Yrigoyen, hace que la tramitación se acelere ante la necesidad de presentar un frente más sólido al nuevo gobierno.

En la tarde del 27 de setiembre de ese mismo año, a sólo veinte días de instaurado el gobierno "de facto", se reúnen en la sede de la Unión Tranviarios, sita entonces en la calle Moreno N° 3230 de la ciudad de Buenos Aires, quince representantes de la U.S.A. y doce de la C.O.A. para concretar la fusión de ambas. Son ellos: Alejandro Silvetti, Antonio Aguilar, Abraham Resnik, José Milani, Amadeo Chapella, Segundo García, Manuel Blanco, Juan Aparicio, José Rita Luz, José Ervar García, Elías Alvarez, Segundo Ortíz, José García, Manuel Monzón y Andrés Cabona, por la U.S.A.; y José Negri, Antonio Tramonti, Luis María Rodríguez, Antonio Melani, Marcelino Ganza, Esteban Martirena, Ceferino López, Bernardo Becerra, Luis González, Luis Cerutti, José Rodríguez y José Domenech, por la C.O.A.

Como en las bases de fusión no estaba previsto el nombre que adoptaría la naciente central de los trabajadores, a propuesta de José Milani, se aprueba el de *Confederación General del Trabajo* y por sugerencia de Bernardo Becerra se le agregan las palabras "de la República Argentina".

Al procederse a la distribución de cargos, los militantes procedentes de la U.S.A. manifiestan que por ser la C.O.A. la entidad mayoritaria, correspondía a sus representantes la secretaría general. A propuesta de algunos de ellos es designado Luis Cerutti para la importante función. Prosecretario se designa a Alejandro Silvetti, de la U.S.A.; tesorero, Andrés Cabona, también de la U.S.A.; y protesorero a José Negri, de la C.O.A., todos los cuales constituyen la Mesa Directiva de la nueva central sindical.

Pequeños hechos de grandes consecuencias

La creación de la C.G.T., aunque se produjo en circunstancias particularmente difíciles, fue un hecho trascendente. En aquel momento la mayoría de los sindicatos sufría las consecuencias de una aguda crisis económica que alcanzó contornos mundiales, con sus secuelas de escasez de trabajo y fuerte desocupación, situación que los obligaba a una actitud defensiva frente a la reacción patronal desencadenada inmediatamente después de la asunción del poder por el general Uriburu. El gobierno, por su parte, había establecido la Ley Marcial, lo cual también influía para que los trabajadores organizados limitaran su actuación a fin de no dar pie a nuevas medidas coercitivas por parte de las autoridades.

La prudente conducta de los sindicatos era compartida por la central obrera por entender que no estaban dadas las circunstancias para una posición beligerante. Su primera actuación ostensible tuvo que ver con la aplicación de la Ley Marcial a tres choferes: José Santos Ares, Florindo Gayoso y José Montero, acusados de haberse tiroteado con la policía, a raíz de lo cual habían sido condenado a muerte en juicio sumarísimo.

Ante este caso la Mesa Directiva de la C.G.T. resolvió dirigirse al P.E. solicitando el indulto de los condenados, que pertenecían a la Unión de Choferes, sindicato no adherido a la nueva central.

La cuestión no era fácil pues las autoridades entendían que el incumplimiento de la sanción podía ser interpretado como signo de debilidad, pero al fin culminó con la conmutación de la pena capital por la de reclusión perpetua, que luego se limitó a dos años por indulto del presidente Justo.

Con motivo de esta gestión se evidenció el error en que se había incurrido al designar a Luis Cerutti secretario general de la C.G.T., dado que carecía de la indispensable formación sindical y ni siquiera tenía mentalidad obrera.

Cerutti, a cuyo cargo había quedado la prosecución de la gestión de indulto, suscribió sin previa consulta con los restantes miembros de la Mesa Directiva una declaración de adhesión de la Central a los objetivos del gobierno, hecho atribuíble a su incompetencia y falta de personalidad.

Posteriormente, en 1935, se prestó a la acción de un grupo partidista encabezado por el entonces presidente de la Unión Ferroviaria, que depuso a más de la mitad de los miembros del Comité Central Confederal.

De esa acción nació el desprestigio de la C.G.T., que se agudizó años después, en 1942, con la división que dio lugar a las llamadas C.G.T. Nro. 1 y C.G.T. Nro. 2, anómala situación en que se encontraba al producirse el golpe de Estado de junio de 1943 y que le hizo caer inerme en la órbita de las autoridades de entonces.

De no haberse producido la designación de Cerutti como Secretario general, probablemente tampoco habría ocurrido el golpe interno de 1935, y otras pudieron ser las consecuencias para el país. De donde una vez más se cumple aquello de que pequeñas causas pueden traer como consecuencia grandes y, en este caso, lamentables efectos.

Andrés Cabona

FRANCISCO J. GARCIA

III

FRANCISCO J. GARCIA, UN LUCHADOR
SIN DOBLECES

La Federación Obrera Marítima (F.O.M.) ejerció un papel clave y excepcional en la época más dura del movimiento sindical argentino. A su amparo surgieron nuevas fuerzas gremiales que se escalonaron a lo largo del litoral recorrido por sus barcos, las que en contacto con los trabajadores de tierra adentro formaron la trabazón proletaria que permitió el ejercicio de la solidaridad y de la lucha fructífera. De tal manera que influyó decisivamente en el resto de las organizaciones de trabajadores y sus huelgas en apoyo de las demandas de otros sindicatos tenían tal poderío que definían los conflictos obrero-patronales.

Sin embargo, ello no fue obra de un día. En sus comienzos se llamó Sociedad de Marineros y Foguistas y nucleaba a más de 8.000 afiliados; a fines de 1906 declaró una huelga en demanda de condiciones de trabajo más humanas con tal firmeza que llamó la atención de todos los trabajadores argentinos agremiados.

Los marineros y foguistas recorrieron toda la extensión del puerto de Buenos Aires anunciando la iniciación del conflicto a todos los tripulantes de buques y lanchas, usando la violencia donde la persuasión era ineficaz; al mismo tiempo se pusieron en contacto con la sección Rosario y con los principales puertos del litoral, en donde el movimiento se extendió con rapidez y gran energía. Se produjeron hechos de sangre al originarse choques con fuerzas de la Prefectura Marítima y elementos de una organización patronal, pero todos los puertos entre las ciudades de Buenos Aires, Montevideo y Asunción se mantuvieron paralizados.

A las tres semanas culminó la huelga con el triunfo de los obreros y fueron aceptados los aumentos de salarios reclamados, la jornada de ocho horas para todas las secciones, el descanso dominical para los trabajadores cuyas tareas lo permitiesen y la patronal aceptó la responsabilidad de los accidentes de trabajo. La asamblea en la que se dio por terminado el conflicto se efectuó el 11 de enero de 1907, a la mañana, con una concurrencia superior a las 5.000 personas. Allí nació la antecesora inmediata de la F.O.M., que se llamó Liga Obrera Naval Argentina, organismo que en el mismo momento de su constitución resolvió enviar un saludo al proletariado mundial y declaró que lucharía para atraer a su seno a loss maquinistas, oficiales, contramaestres, mozos, cocineros y en general a todas las categorías existentes en el gremio de los marítimos.

Un bloque indestructible

A pesar de las persecuciones policiales y de la represalia de los armadores, un puñado de hombres mantuvo latente el espíritu de rebeldía al mismo tiempo que organizaba un sindicato homogéneo y aguerrido.

"Un barco no es una fábrica o un taller —afirmó Martín S. Casaretto—.[1] En él conviven durante muchos días los distintos individuos que forman su tripulación. Allí comen y duermen; allí pasan sus horas de descanso; allí, las querellas, las diferencias en el trabajo, los incidentes diversos que pueden ocurrir, no hallan esa puerta al desahogo que para el obrero de tierra significa la salida del taller y el contacto con otro ambiente y otra gente. Encerradas en el ámbito del buque, las cuestiones adquieren a veces una gravedad que los extraños al medio no comprenden. Tampoco la organización del trabajo es tan simple como en una fábrica o en un taller. Las faenas a bordo están organizadas sobre una base jerárquica, y la relación entre los varios grados de la jerarquía no siempre aparece tan claramente delimitada que evite motivos de roce o de choque. Hay, además, diferentes secciones —cámara, cocina, cubierta, máquina—, cada una con su radio de acción y su frontera, y los consiguientes incidentes fronterizos. La organización sindical dibuja la organización del trabajo a bordo".

"Una sección de un buque es, a la vez, una sección de la Federación y un centro de oficiales —analizó detalladamente—. Estallan conflictos entre miembros de una misma sección —los foguistas con los cabos, en la máquina; o los mozos con el mayordomo, en la cámara; o los marineros con el contramaestre, en la cubierta—. Se producen disputas entre los de dos o más secciones —cualquier parte de los tripulantes, por ejemplo, con el cocinero, que es un conflicto clásico—; y entre los de una sección y los de un centro de oficiales —los fogoneros con los maquinistas, o los marineros con el capitán o el comisario u otro oficial cualquiera de cubierta—. Cuando uno de estos conflictos se produce entre adherentes a una misma sección federada, se resuelve aplicando la disciplina seccional; cuando es entre dos secciones, ambas llevan su pleito al Consejo Federal; cuando se suscita entre una sección de la Federación y un centro de oficiales, la cuestión se traslada primero al Consejo de aquella y se tramita luego entre este y el centro. En todos los casos interviene primeramente el delegado".

Esta complicada organización, una vez lograda su puesta en marcha, le dio a los marítimos su asombrosa fortaleza. "Frente a los capitalistas navieros, las tripulaciones, desde el capitán al peón de cocina, constituían un bloque único: un sólido bloque que parecía indestructible. La trascendencia de esto se comprende fácilmente a poco que se piense en la distancia que va del peón al capitán. Esta distancia hacía que el mecanismo destinado a regir las relaciones entre ambos requiriese, para ser manejado, suma delicadeza y gran tacto".

La forja de un luchador

El "gallego" Francisco Javier García fue el organizador, el alma y animador de la Federación Obrera Marítima; el dirigente que con vigor inquebrantable la condujo paulatinamente a la conquista de repetidos y cada vez más importantes triunfos, que le dieron un prestigio inigualado por sindicato alguno hasta la década del 30.

El "gallego" García era argentino e hijo de argentinos y había nacido en la provincia de Santa Fe en 1884; cuando dejó la escuela hizo el aprendizaje del oficio de mecánico y sus inquietudes juveniles fueron absorbidas por los problemas sociales.

Vivió en su provincia natal hasta que efectuó el servicio militar obligatorio, en el Regimiento 4 de Infantería, del cual salió con las jinetas de cabo. Reintegrado a la vida civil, en compañía de varios amigos, editó y difundió un periódico antimilitarista que llevaba el intencionado nombre de *Luz al soldado*, "el órgano de más duración y arraigo contra el servicio militar, que tuvo que hacer frente a contínuas persecuciones"[2], recordaron Diego Abad de Santillán y Emilio López Arango.

Al producirse la reacción oligárquica y seudonacionalista del Centenario, los militantes extranjeros fueron objeto de una despiada campaña, y la policía, aplicando la llamada Ley de Defensa Social, no permitió la aparición de la prensa obrera y fueron quemadas las publicaciones socialistas y anarquistas. García, desdeñando peligros y amenazas, imprimió *El Libertario*, periódico que durante varios meses apareció clandestinamente en reemplazo de *La Protesta* y entre cuyos redactores figuraba Juan E. Carulla, quien terminaría siendo el asesor político del general José F. Uriburu.

Francisco J. García trabajaba simultáneamente con empeño en formar organizaciones sindicales fuertes para mejorar las condiciones de vida de los trabajadores y poner coto a los desmanes de patrones y gobernantes. Intuyó que uno de esos gremios podía ser el ferroviario, al que perteneció durante un tiempo por ser peón cambista, y en consecuencia inició la propaganda sindical con el periódico *Hacia la luz*. Si bien en ese momento no se hizo realidad la idea, sus amigos, poco después, fundaron la Federación Obrera Ferrocarrilera,[3] la cual, con el correr de los años, se transformaría en la poderosa Unión Ferroviaria.

La actividad gremial de García comenzó a tomar relieve en 1908 y se hizo incontenible en el momento de mayor peligro. En 1910 los marítimos sufrieron la embestida de las fuerzas de represión del gobierno, que expulsaba a los mejores militantes extranjeros, y del soborno del capitalismo naviero, que alcanzó a Juan Colmeyro, secretario general de la organización, quien poco después pagaría con su vida esa traición.

En pleno terror policial, García, mediante un vibrante manifiesto, convocó al gremio a una asamblea en Olavarría 363, de la Capital Federal. Por sobre todas las asechanzas acudieron al llamado 51 obreros, pero cuando iba a comenzar la asamblea fue allanado el lugar y se procedió a la detención de todos los presentes. García, que por ese entonces, además de trabajar, dormía en el local social, se vio obligado a recoger sus pocas ropas y con ellas enrolladas y al hombro tuvo que emprender el camino hacia el Departamento Central de Policía al frente de los 51 asambleístas.[4]

Un factor aglutinante

Esos y otros hechos de mayor dimensión hicieron comprender a los marítimos que García era el hombre indicado, por su moral intachable y por su hombría a toda prueba, para estar al frente del sindicato: a partir de entonces la historia de la F.O.M. fue la biografía de su secretario general.

Con similar tesón bregó por un frente común de los obreros de todo el país, condición indispensable —en su concepto— para lograr éxito en sus demandas frente al Estado. Así, en el III Congreso de Unidad Sindical (30 de noviembre y 1 y 2 de diciembre de 1912) levantó su voz en ese sentido.

"La Federación Obrera Marítima envió sus delegados a este Congreso —expresó— con el mandato de sostener el pacto de solidaridad y el nombre de la F.O.R.A., por ser esta la primera institución obrera de la República que supo encauzar al proletariado por el verdadero camino de su emancipación, pero tenían libertad para allanar cualquier obstáculo que pudiera impedir la unificación". Los delegados de la F.O.M. tratarán de armonizar las diferentes tendencias que predominan en el movimiento obrero y se pondrán de acuerdo con los representantes de las otras organizaciones para que la unificación de las fuerzas obreras sea un hecho".[5]

En consecuencia, opinaba García, las bases debían ser lo suficientemente amplias como para acallar las voces discrepantes y los objetivos superiores al pacto solidario para que, derribando tradiciones y prejuicios, se terminara "con el bochornoso espectáculo de que por causas nimias no sepamos cumplir con la misión que se nos ha encomendado, de crear una fuerza capaz de oponerse a la explotación capitalista y a la tiranía del Estado, únicos ansiosos de que la fusión no se haga".[6]

En 1914 la desocupación alcanzó dimensiones a las que nunca había llegado antes, tanto en el campo como en las ciudades. García ocupó la secretaría de la Federación Local Bonaerense para contribuir desde su cargo a consolidar la unidad parcial que implicaba la disolución de la Confederación Obrera Regional Argentina (C.O.R.A.), y la incorporación de su fuerza y de muchos sindicatos autónomos a la F.O.R.A. Al mismo tiempo la F.O.M., por su iniciativa, se sumó a la agitación de todos los sindicatos contra la crisis industrial y comercial, lo que culminó con la organización de una gran manifestación que en el mes de julio recorrió las calles de la Capital Federal, desde la plaza Constitución hasta la plaza Colón.

Se ocupó también de realizar una campaña moralizadora y denunció a algunos pretendidos revolucionarios del gremio de tabaqueros que utilizaban el boicot declarado a varias compañías de cigarrillos para realizar grandes negociados con las marcas que faltaban en plaza. García, apoyado por otros militantes, logró que la Sociedad General de Tabaqueros, dominada en gran parte por coimeros y chantajistas, fuera expulsada de la Federación, que era el principal organismo de la F.O.R.A.

Robustecida la F.O.M., saneadas las organizaciones corrompidas y buscando siempre ser un factor de concordia entre los compañeros de lucha, tuvo García libertad de acción para encabezar dentro del movimiento obrero grandes acciones contra los poderosos intereses coaligados que intentaban destruirlo.

El organizador de la F.O.M.

El IX Congreso de la F.O.R.A., de abril de 1915, tuvo fundamental importancia porque establece que sus integrantes "para mantenerse en sólida conexión necesitan la más amplia libertad de pensamiento" y dispone que por lo tanto, "no se pronuncia oficialmente partidaria ni aconseja la adopción de sistemas filosóficos ni ideologías determinadas". En esa oportunidad eligió un nuevo Consejo Federal encabezado por Francisco J. García, a quien secundaban Atilio Biondi, Pedro López, Bartolomé Senra Pacheco, Lucas A. Tortorelli, Sebastián Marotta, Emilio Basterrica, Juan Cuomo y David Scholnicoff.

Así las cosas, se produce la gran huelga marítima de octubre-noviembre de 1916, que significó un vuelco absoluto con relación a las anteriores. Era el auge del enfrentamiento de la F.O.R.A. del V Congreso y de la F.O.R.A. del IX Congreso y la secuela de la influencia dogmática en las filas obreras. García rompió con el círculo de hierro principista del todo o nada que ahogaba a la organización y determinó que prosperara el arbitraje que aseguró el triunfo del 80 % del petitorio obrero.

Previamente, el secretario general de la F.O.M. se entrevistó con el presidente de la Nación, Hipólito Yrigoyen, recientemente instalado en la Casa de Gobierno. García le explicó al primer magistrado radical las causas y la naturaleza del conflicto; la vida, penurias, peligros y angustias de los trabajadores marítimos; las insalubres condiciones de trabajo a bordo, las extenuantes jornadas y los salarios miserables.

"Reclamamos al señor presidente el mismo derecho que disfrutan los capitalistas —agregó—. La huelga es un derecho de la clase obrera reconocida en toda sociedad civilizada. No es un acto de barbarie, un motín o una acción insurreccional. No pedimos el apoyo del Estado; tampoco se le debe prestar a los capitalistas. El conflicto debe quedar librado al juego de las fuerzas en pugna. Admitimos la mediación oficial para procurar su solución, pero no su intromisión en favor de una de las partes".

Yrigoyen, impresionado, solicitó veinticuatro horas de plazo para realizar gestiones ante los armadores proponiéndoles una solución, pero su intervención no tuvo éxito. Sin embargo, el sector patronal, que quedó sin apoyo gubernamental y librado a sus propias fuerzas, capituló antes de que transcurriera un mes.

Este resultado llevó a los trabajadores al gremio y dio personalidad a la Federación Obrera Marítima; a partir de entonces consolidó la base de su poderío posterior. Para consagrarse a la organización de su sindicato García renunció a la secretaría general de la F.O.R.A., porque preveía que se avecinaban grandes luchas.

La patronal, encabezada por la empresa Mihanovich, inició una contraofensiva creando con traidores una sociedad obrera amarilla paralela. Con personal "carnero" fue tripulado un buque y al mismo tiempo se procuró halagar a los oficiales para separarlos de los tripulantes y destrozar a la F.O.M. El efecto fue sorprendentemente opuesto: por primera vez se estableció la solidaridad entre el capitán y el marinero y la ayuda mutua del foguista y el jefe de máquinas hasta tal grado que se creó un Comité de Huelga entre todas las organizaciones marítimas, gracias al esfuerzo de García mancomunado con Alfredo Viola, secretario del Centro de Capitanes de Ultramar, y Manuel Gallardo, del Centro de Comisarios Marítimos.

La vanguardia de los trabajadores

La época de oro de la Federación Obrera Marítima tuvo ocho años de duración (1916-1924), lapso durante el cual la organización se constituyó en la vanguardia de los trabajadores argentinos. "Muchos ignoran lo que significa el boicot manejado por una entidad de la importancia de la F.O.M. —observó el inspector Niklison del Departamento Nacional del Trabajo—. Con el 95 % de los obreros del gremio reunidos en su seno, perfeccionada organización, rígida disciplina y casi absoluta autoridad exterior, esta fórmula de combate social adquiere una eficacia decisiva, fatal. El boicot importa el completo aislamiento del capitalista o de la empresa a que se aplica, que sin el concurso de los elementos más indispensables a la ejecución de sus operaciones industriales o comerciales debe necesariamente rendirse a la entidad que lo promueve o sostiene".[7]

Así lo demostró la huelga de 1916; la del año siguiente por reivindicaciones propias y en adhesión a los ferroviarios, en la que paralizaron la navegación fluvial; la de 1918, en la que los marítimos determinaron la victoria de los obreros molineros al resolver no transportar ni una sola bolsa de harina proveniente de los molinos en conflicto al Brasil, Uruguay y la costa sur argentina; antes, durante y después de "la semana trágica" de enero de 1919 la F.O.M. mantuvo un conflicto con los armadores para obtener mejores salarios, una reglamentación del trabajo a bordo y fijación de descansos semanales. En ese período revelaron su unidad excepcional y su organización sin fallas, pues crearon un restaurante modelo, atendido por mozos y cocineros marítimos, en el que comían los huelguistas sin familia y se distribuían diariamente víveres a los casados con hijos.

"A la Federación Obrera Marítima ningún movimiento de los trabajadores le era ajeno —subrayó S. Marotta—. Con su solidaridad, prodigada en todas las formas: Santa Fe, Entre Ríos, Corrientes, Chaco, Formosa, Misiones, toda la costa patagónica, asisten al nacimiento de centenares de sindicatos y conviértense en escenario de grandes batallas sindicales. Su acción repercute en el corazón de los feudos de La Forestal, en las fábricas de tanino de Las Palmas, del Chaco y de Formosa, en los yerbatales misioneros. En estas zonas viven y se desarrollan poderosas empresas capitalistas que son, también, verdaderos Estados independientes dentro del Estado argentino".[8]

En 1920, la F.O.M. se encontraba abocada a uno de los más difíciles conflictos al enfrentar nuevamente a la compañía naviera de Nicolás Mihanovich. La poderosa empresa arrastró a su lado a la flota de los armadores Gardella y Wilson; empleando grandes medios económicos buscó influencia en esferas oficiales, en el Congreso Nacional, en la Justicia; cambió en sus barcos la bandera argentina por la uruguaya, contratando tripulantes en Montevideo, apeló al soborno, al chantaje, al mismo tiempo que difundía calumnias contra los dirigentes obreros.

Balestrini y Docal fueron las cabezas visibles de un grupo que respondía a la patronal y sabían muy bien la importancia que tenía García dentro del sindicato, por lo que buscaron diferentes medios para alejarlo de sus actividades. En una oportunidad lo citó una atractiva mujer, con la que se entrevistó en el local de Necochea 1111. En la conversación aquella elogió la vida sacrificada que llevaba el secretario general de los marítimos, pero simultáneamente procuraba hacerle ver que no obtenía recompensa a sus desvelos, sino por el contrario era insultado y objeto de sospechas. Le hizo entonces entrever un futuro cómodo, desprovisto de sinsabores y en el cual podría disfrutar de lo que deseara. Si accedía, podía fijar el dinero que creyera necesario para modificar completamente su situación económica y éste le sería entregado al día siguiente.

—El ofrecimiento no me interesa, señora —repuso García—. Infórmele a quienes le envían que pierden lamentablemente el tiempo. Hemos terminado. Buenas tardes.[9]

La disciplina de los obreros y la integridad de García eran barreras infranqueables; a las pocas semanas comenzaron las victorias parciales con la solución del conflicto en los astilleros, y la entidad patronal se comprometió a trabajar únicamente con personal agrupado en la Federación de Obreros en Construcciones Navales aceptando su pliego de condiciones. A los ocho meses de iniciada la lucha el Congreso Nacional aprobó un proyecto del Poder Ejecutivo de arrendar o requisar la flota de Mihanovich; la F.O.M. y las organizaciones que agrupaban a los oficiales replicaron que para la normalización eran requisitos previos el cumplimiento de condiciones ya aceptadas por otras empresas particulares y que "sus afiliados no trabajarían con personal no federado ni con elementos adventicios".

A pesar de la grave situación que enfrentaba el sindicato, no por ello García eludió el cumplimiento de los deberes solidarios para con otras organizaciones, y los marítimos de los ferryboats boicotearon a vagones de mercaderías destinados a comercios que mantenían problemas gremiales en varias ciudades de Entre Ríos. El gobierno interrumpió las negociaciones con la F.O.M. y el ministro de Obras Públicas dispuso la detención del personal que había iniciado el boicot y su reemplazo con miembros de la Armada y de la Subprefectura. En reciprocidad, los ferroviarios detuvieron entonces el tren que llevaba a los presos marítimos y, ante el cariz que tomaban los acontecimientos con sus inesperadas complicaciones, se produjo una modificación pronunciada en los planteos de las autoridades gubernamentales.

A los trece meses de iniciada la puja la Federación Obrera Marítima obtuvo sus objetivos y en febrero de 1921 la compañía Mihanovich le reconoció la representación sindical de los obreros y aceptó la formación de un tribunal mixto para resolver todas las cuestiones del trabajo a bordo y las dificultades originadas en la solidaridad de la F.O.M. "con asociaciones gremiales similares".

Los marítimos en el corazón de la selva

"Las memorables jornadas de lucha obrera cuyo escenario fue ese vasto feudo imperialista injertado en el propio país que se llamó La Forestal —señaló Gastón Gori—, la prolongada resistencia armada de los obrajeros y la verdadera rebelión que estalló en 1921 no se conciben sin la presencia solidaria y la acción orgánica de la Federación Obrera Marítima".[10]

La agitación social era muy intensa en todo el territorio nacional, desde el Chaco hasta la Patagonia, desde la Cordillera de los Andes hasta el litoral fluvial y marítimo. En Santa Cruz los obreros de la zafra lanera se declaraban en huelga y desfilaban en Río Gallegos con la bandera roja al frente; en Leones (Córdoba) los campesinos alzados, después de un tiroteo con la policía, lograron la huída de la cárcel de numerosos compañeros detenidos. En Reconquista (Santa Fe) los vecinos denunciaban al presidente de la Nación que "las montoneras sublevadas en el norte de ese departamento han emprendido ataques contra los derechos y garantías más elementales"[11]; en Villa Ana, de la misma provincia, grupos armados de a caballo recorrían las estancias robando armas, animales y monturas.

La Liga Patriótica se dirigió a todos los gobiernos de provincia para llamar atención acerca de los movimientos obreros que empleaban la subversión contra el orden como medio de expresar sus tendencias. Agregaba que en virtud del pacto constitutivo de la unión social argentina, "para consolidar la paz interior y proveer a la defensa común", los mandatarios provinciales debían dirigirse al gobierno de la Nación para que de acuerdo con el precepto fundamental del Estado "promueva la reforma de la legislación a fin de que el trabajo esté asegurado y la propiedad defendida".[1][2]

En Gualeguay (Entre Ríos) hubo tiroteos entre obreros agrícolas y la policía, produciéndose bajas en ambos bandos, y el 1º de Mayo de 1921 los trabajadores que celebraban la fecha en la plaza principal de Gualeguaychú fueron agredidos por "las guardias blancas" de Manuel Carlés. Los asistentes tuvieron un saldo de seis muertos, gran cantidad de heridos y decenas de detenidos.

La F.O.R.A de Buenos Aires organizó actos públicos como repudio a esos atentados y para divulgar los procedimientos de la Liga Patriótica, que actuaba unida con la Asociación de Trabajo para destruir los sindicatos. Como respuesta, en la noche del 25 de mayo, otros grupos de la Liga festejaron la efemérides patria asaltando a la Unión de Choferes de la Capital Federal y asesinaron a dos obreros; en seguida la huelga general contragolpeó a los grupos dominantes.

Semejante clima social tenía como trasfondo las noticias provenientes de Rusia que indicaban el creciente predominio de los bolcheviques —los maximalistas, como se les llamaba en la Argentina— y el aniquilamiento de los latifundistas, que eran ajusticiados día tras día.

"Cuando los barcos tripulados por la Federación Obrera Marítima tocaban puertos chaqueños —prosigue Gori en su libro— nunca faltaba algún tripulante, pariente o amigo de los peones u obreros de la fábrica o de los estibadores de rollizos, que recibiera profusión de periódicos libertarios, hojitas, volantes, llamados a la organización, además de las explicaciones verbales de lo que significaba y quería la F.O.R.A.".[13] Francisco Javier García se preocupaba especialmente por esa función de los marítimos y para que impulsaran la creación de sociedades obreras de resistencia en el corazón de la selva chaqueña, con el objeto de incorporar sindicalmente al indio y al criollo, y poder contrarrestar de esa forma la inhumana e incalificable explotación a que eran sometidos. "De ese modo un soplo de rebeldía y de coraje pasó por todo el Chaco maderero llevando la voz y la orden de prepararse para la lucha y, con todas las tremendas dificultades que eso significó, pudieron realizarse heroicas jornadas de resistencia proletaria y de enfrentamiento a la soberbia de La Forestal que, con la complicidad de gobernantes y funcionarios argentinos —algunos de los cuales están en estatuas honradas por los nietos de muchos que fueron perseguidos como perros rabiosos— ejercía sobre una vasta región argentina un gobierno despótico".[14]

Alejamiento temporario

En 1922 y 1923 la F.O.M. bregó por la formación de la Unión Nacional del Transporte con los ferroviarios, tranviarios, choferes y conductores de carros; ayudó a salir de las fronteras nacionales a militantes perseguidos por su acción gremial e hizo ingresar al país, escondidos en las bodegas de los navíos que controlaba, a activistas prófugos del extranjero; se constituyó en factor primordial en las campañas pro liberación de los presos por cuestiones sociales; a mediados de 1923 boicoteó a la flota Barthe, con la solidaridad de los marítimos paraguayos, y mantuvo el control de las rutas de navegación. En el Congreso de la Unión Sindical Argentina de abril de 1924 la representación de los marítimos destacó que sus delegados no se caracterizaban por pronunciar discursos revolucionarios, pero que realizaban obra efectiva agrupando a los obreros del interior, procurando trabajo a los inmigrantes, "rehaciendo los cuadros sindicales deshechos, divididos, desorganizados a consecuencia de la obra tendenciosa que hizo del movimiento sindical un campo de Agramante".

Al mes siguiente la F.O.M. se adhirió condicionalmente a la huelga general contra la Ley de Jubilaciones Nro. 11.289, que tuvo consecuencias inesperadas para los marítimos. Los capitanes de ultramar quebraron sus compromisos y aceptaron que los barcos navegaran con personal adventicio, es decir, que no perteneciera a la F.O.M.; en seguida contaron con el apoyo del ministro de Marina, la Prefectura General Marítima, las compañías Nicolás Mihanovich Ltda., Importadora y Exportadora de la Patagonia y M. Delfino y Cía.

Las fricciones en el pacto entre las organizaciones de oficiales y tripulantes fue una brecha que resquebrajó al poderoso sindicato marítimo, motivando el alejamiento de García. "Por lo que a mí respecta he hecho ya mi composición de lugar, sea cual fuera la resolución del Consejo Federal o la Asamblea General que este convoque —escribió—. Yo no continuaré desempeñando el cargo de secretario general ni intervendré en ninguna actividad sindical. Con esta actitud demostraré dos cosas: 1) Que al hacerme cargo de la Secretaría no lo hice con el fin de defender ningún interés subalterno o inconfesable, ni aferrarme al cargo, como lo hacen algunos desvergonzados que se han encaramado en algunas secciones en contra de la voluntad de los asociados. 2) Libres de la preocupación de combatir a García, los revolucionarios de "tres al cuarto" tendrán tiempo de dedicar sus energías a cosas más útiles para el gremio, y este tendrá, a su vez, la oportunidad de apreciar mejor la bondad de los métodos que pregonan los mismos que labraron su ruina, abandonando sus puestos cuando más necesaria era su actividad".

El Prefecto General de Puertos

Los dirigentes que actuaron en esas circunstancias estuvieron de acuerdo en forma unánime en que las organizaciones sindicales sufrieron una pasajera decadencia. Proliferaron las agrupaciones paralelas que sembraron la confusión y el gobierno de Marcelo T. de Alvear apoyó a los empresarios y respaldó la intromisión del Estado para obstaculizar el ejercicio del derecho de agremiación.

La F.O.M. sufrió recias embestidas del Prefecto General de Puertos, Ricardo Hermelo, el cual con gran dinamismo fue reuniendo en su despacho a los delegados del Centro de Capitanes de Ultramar, del Centro de Maquinistas, de la Sociedad de Capitanes, Prácticos, Baqueanos y Patrones de Cabotaje, del Centro de Patrones del Puerto de la Capital y del Centro de Patrones de Lanchas, con la finalidad de formar con todos ellos una organización que agrupara a los miembros de la Marina Mercante, la cual integraría junto con los armadores un "gran comité" que decidiría sobre todas las cuestiones que interesaban a los marítimos y que estaría presidido por el propio Prefecto General de Puertos.[15]

La Federación Obrera Marítima se encontraba debilitada y acorralada como para lograr frustrar esas maquinaciones y entonces los otros gremios lanzaron una vasta campaña contra Hermelo, encabezada por la Unión Sindical Argentina. "Elementos ajenos a los intereses de la F.O.M. se han unido para atentar deliberadamente contra la organización obrera —decía el manifiesto de la central sindical—. Ya no es solamente la Liga Patriótica, ni la Asociación del Trabajo, ni los elementos divisionistas de la Junta Reorganizadora del Gremio Marítimo, ahora es el propio jefe de la Prefectura Marítima, el señor Hermelo, quien debiendo observar una actitud imparcial ante la lucha de patrones y obreros, usando procedimientos similares a los empleados por el fascismo, ha ordenado la detención de obreros que reparten manifiestos de propaganda o convocatorias de asambleas en el radio del puerto y ha prohibido terminantemente realizar la más mínima acción en favor de la F.O.M. Ya son muchos los casos en que nuestros compañeros han sido detenidos y conducidos a los calabozos de la Prefectura".[16]

A fines de 1926 los caldereros y calafateadores de los astilleros navales se declararon en huelga y se desencadenó una violenta represión contra ellos. Durante el conflicto estalló una bomba frente al domicilio de Hermelo y en seguida las autoridades clausuraron los locales de la Federación Obrera Marítima, de la Federación de Obreros en Construcciones Navales y detuvieron a cerca de un centenar de huelguistas; después de seis meses de penosa resistencia la huelga fue levantada sin alcanzar sus objetivos.

Sin embargo, antes de que llegara a finalizar el año de esa derrota, los marítimos lograron reconstruir su organización en una asamblea que se realizó en el teatro Verdi, el 23 de noviembre de 1927, a la que asistieron 3.000 obreros. "Los armadores no podrán ya decir que el gremio no se levantará más —aseveró el secretario del Consejo de Relaciones, Francisco J. García—, porque los marítimos se han unido. Asegurando esa reorganización se debe enviar una delegación al Poder Ejecutivo para documentar la actitud arbitraria de las autoridades marítimas".[17]

Se redactó un extenso memorial para asesorar al gobierno con hechos concretos, el cual fue entregado al presidente de la Nación por una comisión integrada por García, J. Antonio Morán, José Segade y un capitán de cabotaje; en el documento se denunciaba al Prefecto General Marítimo, contralmirante Hermelo, por "la abierta protección a las instituciones patronales formadas por la Compañía Mihanovich y el ataque a todas las que están organizadas por los obreros con el fin de elevar el nivel moral y material de sus asociados".[18]

Poco más adelante el contralmirante Hermelo renunció a su cargo y reapareció el 6 de setiembre de 1930 como el primer jefe de policía del gobierno del general Uriburu, "para meter en vereda a la canalla", según expresión del presidente provisional, recogida por Juan E. Carulla, ex anarquista, amigo de ambos.[19]

La compañía Mihanovich

El retorno de García a las actividades gremiales se manifestó inmediatamente en una estrategia sindical de la F.O.M. mucho más hábil y sólida. Todos los que lo conocieron resaltaron que nunca se inmutaba ni lo sacaban de quicio con facilidad, pero en su aparente impasibilidad ya estaba tendiendo sus líneas para lanzarse a la contraofensiva.

En agosto de 1928 la Compañía Mihanovich realizó una serie de actos de provocación con el objeto de perturbar la reorganización de la Federación Obrera Marítima, pero García no se dejó atrapar en la telaraña patronal. Convocó a una asamblea, a la que reforzó con la solidaridad de la U.S.A. y de las centrales hermanas de Paraguay y Uruguay; luego sus compañeros lo facultaron para actuar según lo juzgara conveniente para contener la nueva ofensiva.

La gran empresa naviera desembarcó a tripulantes federados e inmediatamente García hizo un llamamiento al gremio contra toda la flota Mihanovich y la Compañía volvió sobre sus pasos y reincorporó al personal; en el interín algo había sucedido que en ese momento no tuvo trascendencia pública.

García había sido citado a la Secretaría de la Presidencia en la Casa de Gobierno, adonde acudió acompañado por Tulio Jerumini, de la Sociedad de Capitanes y Baqueanos, allí se enteraron de que lo quería entrevistar Luis Dodero. García y el gerente de la Compañía Mihanovich no se habían vuelto a ver desde hacía aproximadamente cuatro años, cuando aquél cesara en sus actividades sindicales.

—La Compañía atraviesa por un período de gran prosperidad —expresó Dodero— y obtiene óptimos rendimientos. Por esta situación se encuentra en condiciones de mejorar todas las condiciones de trabajo, obligando a los demás armadores a conceder las mismas ventajas. Claro que antes de llevar a la práctica este proyecto, he querido conocer su opinión y, sobre todo, si la F.O.M. contemplaría esa situación tratando de no inmiscuirse en los asuntos que conciernen al personal de la empresa.

—Me explico que usted trate de defender los intereses de la Compañía que representa —respondió García—, valiéndose de todos los recursos de que pueda echar a mano. Pero tenga la seguridad absoluta de que, por lo que a mí personalmente atañe, no podrá usted ni nadie contar con mi complicidad y mucho menos con el de la F.O.M. y de la Federación de Oficiales para tener dividido al gremio. No le quepa la menor duda de que no conseguirá comprarlos con el halago de esas ventajas tan generosas y que tardíamente ofrece por tentadoras que sean.

—¿Usted conoce a Docal?, preguntó intempestivamente el representante patronal.

—Sí, es un canalla de quien hace un mes me he enterado que está a sueldo de la Asociación del Trabajo.

—Ese individuo me fue presentado por Anchorena para que le diera trabajo en una empresa de estibaje, en la qe me dijo Docal usted estaba interesado —continuó Dodero—. También me ofreció documentos que servirían para hundirlo a usted y luego me entregó un sobre de cuyo contenido no he querido enterarme. El sobre, tal cual me lo dio, lo devolví a la Asociación del Trabajo.

—Después de oír lo que acaba de decirme, estaría por poner término a esta entrevista, que usted ha provocado con tanto interés, pero no lo voy a hacer porque me doy cuenta de que si usted es un hombre inteligente, servirá, por lo menos, para que salga de aquí convencido de que ni la Federación Obrera Marítima ni yo modificaremos el rumbo que nos hemos trazado, por los procedimientos que ha insinuado.

—¿Entonces no vamos a conseguir nada?

—Claro que ustedes no van a conseguir nada si continúan conspirando contra las legítimas aspiraciones del gremio. Los marítimos federados no van a tolerar que ustedes impunemente tomen represalias contra los tripulantes de sus barcos. Mucho menos van a consentir en que usted les obligue a ingresar en la organización patronal de su última invención.

—Entonces, ¿qué es lo que usted pretende? ¿Que la Compañía Mihanovich se entregue?

—Con respecto a las relaciones con las empresas, exceptuando la Compañía que usted representa, estamos en paz y no tenemos ninguna clase de dificultades. Si ustedes desisten de inmiscuirse en los asuntos internos de la organización, allanará desde ya las dificultades que, no le quepa duda, se le van a presentar.

Cuando se separaron García y Dodero, éste insistió en que aquél accediera a tener una nueva entrevista en el caso que la considerara necesaria; García le replicó que lo estimaba inútil, después de haber discutido cerca de tres horas sin que ninguna de las partes modificara su criterio.[20]

El dirigente marítimo ejemplar

Francisco J. García procuró devolver a la organización su antiguo poderío, pero no alcanzó a ver materializados sus nuevos sacrificios, porque empezó a sentirse enfermo y llegó el momento en que no pudo salir de su domicilio de Lanús.

El Consejo Federal de la F.O.M., informado de la dolencia del secretario del Consejo de Relaciones, que no cobraba un solo centavo ni como sueldo, ni por pérdida de jornales, ni para resarcirse de los gastos que el desempeño del cargo le imponía, resolvió hacerse cargo de los gastos médicos y de farmacia, porque García se estaba haciendo asistir en el hospital Muñiz por carecer de recursos.

Ofrecieron entonces su desinteresada colaboración los doctores Emilio Troise, Antonio Cetrángolo y Ricci, éste último de Lanús. Los médicos aconsejaron un cambio de aire y se había resuelto trasladarlo a Santiago del Estero, en cuanto su estado lo permitiera, para contrarrestar los efectos de la afección pulmonar y cardíaca que padecía.

Con rapidez se deterioró su estado de salud y a

algunos compañeros que avisados de la gravedad de su estado lo fueron a visitar, les recomendó que cuidaran a la Federación Obrera Marítima y lucharan por mantener la unidad de los trabajadores, pues en ella estaba el secreto de sus éxitos.

"Díganle a los compañeros que me voy pensando en ellos", fueron sus últimas palabras, entrecortadas por la vecindad de la muerte.[21] Tenía solamente 46 años y era el 20 de marzo de 1930.

Fue velado en el salón teatro José Verdi de la Boca, por el que desfilaron miles de trabajadores de la Capital Federal y pueblos cercanos. El sepelio fue imponente y, además de gran cantidad de autos, debieron emplearse diez tranvías para transportar a la multitud que acompañó sus restos hasta el cementerio de la Chacarita.

La maledicencia lo siguió hasta la tumba y, no obstante su intachable conducta, algunos periódicos sindicales afirmaron que "dejaba buenas rentas". No bastó que la vida íntegra de García estuviera consagrada a los trabajadores; que no estuviera ni siquiera tiempo para constituir su propio hogar; que su domicilio fuera la vivienda de una familia amiga; que muchas veces diera sus últimas monedas a un compañero necesitado y se fuera caminando desde el local social hasta la estación Constitución, donde viajaba en tren con su abono. La envidia y la maldad de los resentidos que existen en todos los ambientes pretendió enlodar su reputación, pero el desinterés absoluto de García en la obra que realizó para la F.O.M. redujeron al ridículo los vituperios y el 7 de junio de 1935 sus cenizas fueron trasladadas al local de la Federación Obrera Marítima, para que estuviera junto a los militantes que compartieron las vicisitudes de la lucha.[22]

Uno de ellos, Juan Aparicio, que escondía un alma bella en una figura deforme, supo escribir el mejor elogio. "El gran mérito de García es el haber salido con una conducta impoluta no obstante el contacto que por la naturaleza de sus gestiones tenía con los armadores y autoridades. ¿Cuáles de sus detractores habrían sido capaces de mantenerse firmes durante tantos años, despreciando las mil tentadoras solicitaciones para un hombre pobre? García prefirió la pobreza —revelada en sus extremos con su muerte— a las posiciones de logro personal". Esta vida ejemplar lo llevó a una conclusión que encierra una profunda enseñanza para el gremialismo auténtico. "Cuando seamos capaces de comprender las virtudes del buen militante, sabremos de igual modo diferenciar el Cristo del fariseo —afirmó Aparicio—, y será indicio seguro de que nos vamos capacitando en la lucha sindical, cosa de desear para que los mártires sean cada vez menos y para que podamos prescindir tanto de los falsos como de los verdaderos apóstoles".[23]

Apéndice:

textos de Francisco J. García

LA ACCION DEL CAPITALISMO

He dicho y sostengo que desde que se organizó la F.O.M. los capitalistas navieros han tratado por todos los medios de distanciar de la Federación a los patrones, conductores y a todos los gremios de oficiales. El primer intento lo realizó Carlos Lavarello, en una memorable reunión realizada en casa Gambaudi, de donde salió corrido por dignísimos compañeros, patrones y conductores que, conjuntamente con el secretario general de la Federación Obrera Marítima, desbarataron los planes patronales. El segundo intento lo realizó el Centro de Cabotaje —en más vasta escala— por intermedio del tristemente célebre Colmeyro, originando una de las luchas más cruentas de las que registra la historia —brillante y heroica— de la F.O.M. La tercera tentativa se efectuó en la misma casa Gambaudi, donde un sujeto sin escrúpulos, invocando el consentimiento del secretario de la F.O.M., había logrado embaucar a un considerable número de patrones, que también aduciendo razones de autonomismo, se proponían dividir la Federación. La actitud enérgica, decidida y valiente de quienes no compartían los propósitos patronales, desbarató el tercer atentado que se cometía contra la unidad del gremio. El cuarto intento divisionista se realizó en 1921 con pretexto fútil, cubriendo dichos planes con la máscara de la autonomía, que significa en la práctica el repudio encubierto a la obra realizada por la F.O.M. en los años que lleva de existencia, batallando siempre por el afianzamiento de los principios más nobles que constituyen la razón de ser de las organizaciones sindicales obreras, que inspiran su acción en las reivindicaciones de clase. ¿Pretenderán los líderes de la actual cruzada autonomista, negar que la clase capitalista —los armadores especialmente— tiene interés y trabaja tesoneramente para desmembrar a la F.O.M.? Si es innegable el afán de los enemigos de la Federación para destruir sus cuadros, no es menos cierto que la actitud de los actuales divisionistas, aún en el supuesto caso de ser sincera, sirve admirablemente los planes patronales, que no han podido realizarse en mucho tiempo.

Como ningún obrero marítimo —"ni ebrio ni dormido"— debe trabajar por la disolución de este baluarte que se llama Federación Obrera Marítima, el Consejo Federal, ni el que suscribe, pueden cometer la felonía, la traición, de hacerse cómplices de los planes de los seudos autonomistas, porque si eso ocurriera auspiciarían los propósitos inconfesables del capitalismo.

Francisco J. García
(*La Unión del Marino*, Nro. 115, noviembre de 1925. Archivo del autor)

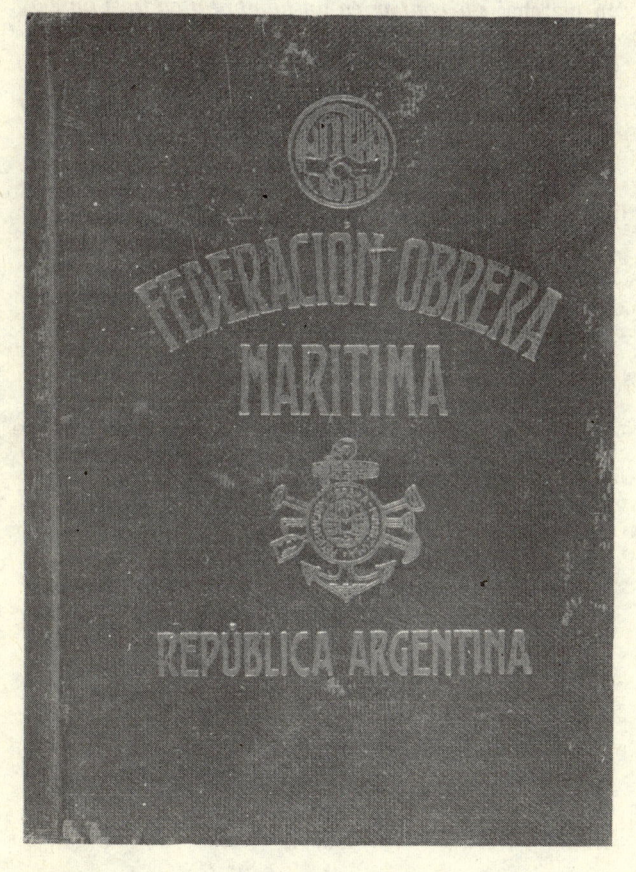

Tapa de carnet de afiliación de la Federación Obrera Marítima.

LA UNIDAD Y EL DERECHO

La unidad de los marítimos debe hacerse por encima de todo, porque ella da fuerza y la fuerza da derechos. Hay que iniciar la obra, concluyendo con la acción nefasta de las autoridades portuarias; después reconquistar las mejores perdidas, pero para ello cada uno debe comprometerse a luchar, para poner la organización en marcha, *sin confiar en un hombre o en un Consejo*, pues cuando la fuerza está en marcha nada la detendrá. (Subrayado por García)

No puede ser más sano el motivo que nos guía. Si nos dirigimos a los armadores cuando se trata de conflictos con ellos, no puede haber inconveniente en dirigirse al gobierno en un conflicto que es con él, puesto que el Prefecto no es más que un empleado suyo. Y, como en el caso de nuestras reclamaciones a los capitalistas, el tiempo de atención que merezcamos ha de estar en relación con nuestras fuerzas. No vamos a mendigar, vamos a exigir. Y si logramos lo que queremos, no será un favor que se nos otorga, sino un derecho que en justicia nos pertenece".

Francisco J. García
(*La Unión del Marino*, Nro. 119, febrero
de 1928. Archivo del autor)

SEBASTIAN MAROTTA

IV

SEBASTIAN MAROTTA. PROTAGONISTA E HISTORIADOR DEL SINDICALISMO ARGENTINO

En 1888 —el mismo año en el que se extinguió la vida de Sarmiento— nació Sebastián Marotta, el 12 de junio, en el barrio porteño de Barracas.

Por ese entonces el movimiento obrero iniciaba una acción mancomunada con algunos grupos que, dos años más tarde, conmemoraban el primer Día de los Trabajadores en el territorio nacional. A partir de dicha fecha se hicieron más frecuentes los choques con la policía y el enfrentamiento con los poderes del Estado, hasta llegar a 1902, que fue una instancia clave en el martirologio del proletariado argentino.

Una serie de paros de los estibadores, marineros, fogoneros, caldereros, mecánicos, fundidores, panaderos y cocheros metropolitanos, obtuvieron como respuesta el allanamiento de la Federación Obrera Argentina, que nucleaba a dieciocho organizaciones. A continuación se produjo una huelga general que paralizó a la Capital Federal y el interior del país, pues en virtud de ella cesaron en su funcionamiento el transporte ferroviario y marítimo, los puertos, fábricas y otros centros esenciales para la vida en comunidad.

En las esferas gubernamentales circulaban rumores de

que los barrios pobres eran cuarteles y que desde la Boca y Barracas estaban listos para avanzar unos 30.000 obreros, con la finalidad de atacar la Casa Rosada y asaltar los bancos. Aprovechando ese clima, el Poder Ejecutivo logró que se hiciera realidad un proyecto de ley del senador Miguel Cané por el cual el gobierno dispuso de un recurso legal que lo autorizaba para expulsar a todo extranjero que, a su juicio, perturbara el orden público. De inmediato fueron deportados numerosos dirigentes gremiales; en tan desfavorables circunstancias Sebastián Marotta se afilió al Sindicato Obreros Constructores de Carruajes, a los 15 años de edad.

Trabajaba desde hacía tres años cuando, "enamorado de la ciudad de Buenos Aires, buscó la forma de conocerla, pero...¿cómo? Carecía de recursos, era de familia pobre y no podía darse el lujo de tomar un tranvía todas las veces que quisiera para conocer, andar, mirar... ¿Qué hacer entonces?... lo pensó bien. Se fue a trabajar como mensajero. ¿Sueldo? Veinte centavos por día y las propinas. En esa forma conoció todo Buenos Aires, y cuando logró sus propósitos y sació su curiosidad, dejó de ser mensajero para aprender el oficio de pintor de carruajes."[1]

Militancia en el Sindicato de Obreros Constructores de Carruajes

Antes de ingresar al sindicato Marotta ya se había iniciado en las luchas obreras, encabezando un movimiento por la conquista de la jornada de ocho horas en el taller en que trabajaba, que era de propiedad de Luis Saronelli y estaba ubicado en la calle San Juan, entre Pozos y Sarandí, que terminó con un éxito completo. Al año siguiente dirigió otra huelga, esta vez en solidaridad con un compañero de trabajo despedido, en la que también triunfó, obligando al industrial a pagar los días que duró el conflicto y una multa al sindicato; el único perjudicado fue Marotta porque lo separaron del taller.

"¡Qué gusto daba oír a Marotta cuando era pintor de carruajes, el lujo con que detallaba cómo se pintaban en esa época las carrozas, cuántas manos de pintura, de barniz, de piedar pómez se les daba! Además, con gran satisfacción y orgullo de su trabajo, agregaba: ¡Yo pinté las puertas de las cajas fuertes del Senado, en el Congreso de la Nación!"[2]

En 1905, en pleno estado de sitio, el Sindicato de Obreros Constructores de Carruajes desarrolló una intensa campaña en favor de la elevación de los salarios, sosteniendo una larga serie de huelgas parciales, preparatorias de un movimiento general que proyectaba para establecer el salario mínimo. Para contrarrestar el empuje de los trabajadores los patronos declararon, en febrero de 1906, un locaut que duró trece días; cuando reabrieron sus puertas y llamaron a los obreros a los talleres, éstos resolvieron no presentarse si previamente no se les pagaba los días del locaut. Los industriales se negaron y aquellos declararon la huelga, que duró ochenta y ocho días; al cabo de los mismos cedió la patronal y abonaron los trece días, cosa que hicieron bajo la fiscalización de un delegado del sindicato, que acudió a cada taller para que el compromiso fuera cumplido. Otra vez Marotta se quedó sin ocupación.

Los industriales del gremio en la Capital Federal se negaban a darle trabajo a tan activo militante y Marotta se trasladó a Mar del Plata. En esa ciudad tuvo oportunidad de reorganizar, a fines de 1906, el Sindicato de Constructores de Carruajes y Mecánicos, que se había disuelto, y del que fue designado secretario general. Electo miembro del Consejo de la Federación Obrera local, se le encargó también la secretaría de este cuerpo, función que desempeñó hasta 1907, fecha en que regresó a Buenos Aires.

Nuevamente en la Capital Federal integró en seguida la comisión del sindicato y, a la vez, una comisión organizadora de la Federación Nacional de Obreros Constructores de Rodados; nombrado secretario de esta última, desempeñó ese cargo conjuntamente con el de miembro de la comisión del sindicato y redactor del periódico *El Obrero Constructor de Rodados*, desde 1907 a 1910.

"Ese oficio lo dejé porque estaba trabajando en la casa Gath y Chaves en un piso alto, pintando unos ventanales —acotó—, y como se trabajaba colgado de las puertas y ventanas, sin las seguridades de hoy día para esas tareas peligrosas, perdí el pie y, si no me tomo de la banderola, hubiera caído al vacío. Como pude, me deslicé y bajé hasta el piso para reponerme del susto. En ese mismo momento, llegó el capataz de la obra y me encontró con que no estaba trabajando; le expliqué lo que había pasado, pero no admitía nada y me continuó reprochando. Fue tal la indignación que experimenté que largué los pinceles, la pintura, el barniz, todo lo que tenía; tomé mi ropa y me mandé a mudar".[3]

Secretario general de la C.O.R.A.

A los 20 años de edad y en su calidad de secretario de la Federación Nacional de Obreros Constructores de Rodados, muy importantes en esa época, tuvo que cumplir una iniciativa de la misma en favor de la unificación obrera, buscando primero un entendimiento entre los sindicatos autónomos y luego un acercamiento entre las dos centrales existentes entonces: la Federación Obrera Regional Argentina (FORA) y la Unión General de Trabajadores (UGT). El resultado de este trabajo fue la creación de un comité organizador del II Congreso de Unificación, que tuvo lugar en el mes de setiembre de 1909.

Fue delegado a ese Congreso y Marotta colaboró en la redacción de la Carta Orgánica de la flamante central, Confederación Obrera Regional Argentina (CORA), para cuyo Consejo Federal fue designado miembro y poco después secretario general, cargo que desempeñó hasta 1914.

Al mismo tiempo era redactor de *La Confederación*, órgano de la CORA, y de *El Pintor*, periódico del respectivo sindicato en el breve período que perteneció a éste. En 1910 inició una gira por el norte del país, hasta Jujuy, que debió interrumpir en Tucumán a raíz del estado de sitio declarado con motivo de la huelga general del Centenario y de la Ley de Defensa Social (27 de junio de 1910).

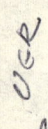

"Los más caros derechos de los obreros son coartados por la ley titulada pomposamente de defensa social —denunciaba un manifiesto de la CORA—. La propaganda de huelga se castiga con años de prisión; la emisión de pensamiento, verbal o escrito, se castiga igualmente y, además, en ambos casos, con confinamientos las reincidencias. Los obreros argentinos tendremos en esta Rusia republicana nuestra Siberia en los glaciales territorios de la Tierra del Fuego. En esta emergencia no caben dos pareceres. ¡A la guerra burguesa la Confederación Obrera Regional Argentina contesta con la guerra proletaria!"

Por intervenir en la redacción de varios periódicos obreros se familiarizó Marotta con las tareas de las imprentas e inició el aprendizaje de la linotipía en la vieja casa La Europea, "oficio que no dejé nunca —recodaría en muchas oportunidades—, por el cariño que le tomé en razón de todo lo que uno aprende y porque ¡es un trabajo hermoso!" Con ese motivo pasó a ser miembro de la Federación de Artes Gráficas.

Simultáneamente, en Tandil, la Unión Obrera de las Canteras convocó a los trabajadores el 27 de febrero de 1911 y la policía los reprimió sin contemplaciones, matando a dos de los presentes, deteniendo al resto y enviando a más de cien a La Plata bajo proceso, para que se les aplicara la Ley de Defensa Social. En conocimiento de la tragedia la CORA mandó a un delegado para que en una asamblea tomara conocimiento de los reclamos obreros, pero fue detenido no bien bajó del tren. Ante esa situación Marotta resolvió ir personalmente, afirmando: "A mi no me van a agarrar y la asamblea se va a efectuar en donde sea". Tomó el tren a Tandil y cuando se acercaba al lugar de destino pasó al último vagón y se largó poco antes de entrar en la estación, despistando así a la policía. "En un camión se dirigió, junto con algunos militantes canteristas al corazón de las sierras, donde se realizó la asamblea tanto tiempo deseada, volviendo a tomar el tren de regreso en la misma forma"[4]. Los canteristas de Tandil, debido a la intervención de Marotta, lograron el triunfo de sus demandas y la liberación de los presos.

A mediados de 1912 el campo argentino era escenario de una grave situación social y los trabajadores rurales se lanzaron a la lucha contra los terratenientes e intermediarios. El "grito de Alcorta" se extendió por una vasta región agrícola de las provincias de Santa Fe y Buenos Aires; los chacareros contaron con la solidaridad de los peones asalariados, quienes, a su vez, se dirigieron a la CORA y solicitaron la colaboración de los obreros de la industria con la presencia de un delegado en la primera concentración regional, que realizarían en la localidad de Firmat.

Asistió Marotta y expuso en la ocasión que los principales factores del extraordinario movimiento carecían de la específica condición del asalariado que estratificaba la organización sindical, lo cual imposibilitaba su confluencia con el gremialismo proletario, aunque en determinadas circunstancias podían coincidir en acciones con objetivos perfectamente comunes. Sin embargo, confesó después Marotta, que creyó con ingenuidad que la organización confederal podía llevar a la mente del colono el conocimiento de que sería imposible cualquier mejora mientras continuara "viviendo en una condición tan ambigua, en la que no era ni asalariado ni capitalista". Tuvo la ilusión de que la CORA podía extraer argumentos de la situación para hacer comprender a los colonos cuánto mejor sería convertirse en asalariados netos porque "su lucha, desde el punto de vista de su nueva condición social, podía reportarles mejoras efectivas, tales como la rebaja de las horas de trabajo y la expropiación de la tierra de manos del capitalista, para hacerle propiedad de todos".

Reconoció Marotta que sus ideas en ese sentido eran completamente utópicas para la época y por lo tanto fracasaron. Los colonos adaptaron su acción y objetivos a las condiciones sociales del chacarero y mediero, ajenos a toda idea de proletarización, con aspiraciones muy distintas a las que condicionaban la organización y la lucha de los obreros asalariados.

Por la fusión de las partes

En noviembre de 1912, por iniciativa de la Federación de Picapedreros, apoyada por la C.O.R.A., se realizó el III Congreso de Unidad Sindical con la presencia de gremios de la FORA en el salón de la Sociedad Progreso de Almagro. Fue elegido presidente Apolinario Barrera y secretarios, que se turnarían en el desempeño de sus funciones, Sebastián Marotta, Humberto Bianchetti, Augusto Pellegrini, Juan Loperena, Francisco Rosanova y Eduardo Pereyra.

En esa asamblea Marotta sostuvo que era necesario aprobar la fusión sobre principios que unieran y no que cavaran abismo entre los trabajadores, para que nadie fuera herido en su amor propio y no se sintieran unos vencidos y otros vencedores. "Es fundamental —añadió— la necesidad de constituir un solo organismo obrero con la fuerza y el prestigio suficientes para oponerse a los avances del capitalismo y del Estado". Abogó por las bases redactadas por la comisión que integraban para alcanzar la unidad y rechazó el paso previo de afiliarse a la FORA porque en ese caso la C.O.R.A. podría invocar los mismos derechos. En cambio, "si todos los delegados asumen la actitud conciliadora de la C.O.R.A. y de la comisión, el Congreso alcanzará la meta perseguida. La elevación de miras de una parte obliga a la nobleza de la otra".

Durante el 1° de diciembre prosiguió la discusión, hasta que en la madrugada del día 2, aprobaron 42 delegados presentes sobre 47 (uno en contra y cuatro se abstuvieron) las bases de unificación. "La razón ha sido la guía de las dos fracciones y lo declaramos con inmensa satisfacción, para que en lo sucesivo este Congreso sirva de norma'" declaraba una publicación.[5]

Finalmente se eligió una comisión, de la que también forma parte Marotta, con el objeto de que pasara ad referendum de los sindicatos las bases de unificación a efectos de que las sociedades las aprobaran e hicieran las enmiendas que considerasen pertinentes. Sin embargo, dos semanas después *La Protesta* saboteó todo lo resuelto con una violenta campaña contra la unidad, denunciando que se quería borrar el nombre de la FORA, que había hecho la historia del proletariado de estos países sudamericanos".[6] Diez días más tarde la FORA aconsejaba a las sociedades federadas que no asistieran a la prosecución del Congreso; todos los esfuerzos de la Comisión de Unidad se estrellaron entonces contra la actitud de *La Protesta* y de la FORA y sus intentos resultaron estériles.

En consecuencia, la comisión dio por terminada sus tareas hasta que "tarde o temprano la fuerte represión burguesa y policíaca, por una parte, un mayor desarrollo de la conciencia revolucionaria y una mejor comprensión de nuestros reales intereses, por la otra, ha de conducirnos a la unificación de todas nuestras fuerzas, propósito noble y elevado, fracasado por el sectarismo ciego y mezquino".

El deterioro de la economía del país se fue agudizando paulatinamente y en forma correlativa aumentaba la represión contra los sindicatos, los cuales reducían sus objetivos y reclamos salariales y de mejores condiciones de trabajo porque la desocupación era un espectro que, al iniciarse la Primera Guerra Mundial, se transformó en realidad. En su afán organizador Marotta había recorrido en 1913 todo el territorio nacional, excepto Entre Ríos y Corrientes, en representación de la CORA y de la Federación Obrera Ferrocarrilera.

En vista de la grave situación general Marotta fue uno de los que propugnó el ingreso de la CORA a la FORA, hecho que se inició en el Congreso de Concentración (27 y 28 de junio de 1914) auspiciado por aquella y se consumó en el mes de setiembre de mismo año. "Las diversas tentativas de unidad de 1907, 1909, y 1912 fracasaron —recordó Marotta—; sin embargo, el espíritu unionista que ha caracterizado a los sindicatos confederados y a los sindicalistas no ha sufrido el menor quebranto. La realización de la unidad de la clase trabajadora derivará en una mayor potencialidad y capacidad para la lucha. La Confederación no ha convocado a este Congreso para dictar su disolución sin trascendencia alguna, sino para lograr la forma viable y rápida para producirle. No propiciamos la constitución de un nuevo organismo porque tenemos la experiencia de aquellos fracasos. No nos sentimos atados a tradicionalismos fundados en el inocuo valor de su nombre: los sindicalistas no vacilamos en aconsejar la refundición de uno de los organismos en el otro. La operación deberá realizarse por el ingreso de la CORA en la FORA, primero porque es más nueva y, segundo, porque no está en nosotros adorar infantilmente designaciones o símbolos", concluyó con su verbo encendido.

Por último, fue aprobado por unanimidad el proyecto de fusión, y Marotta, feliz, creyó que se había dado un paso decisivo en la historia del movimiento sindical argentino.

Nueva división provocada por *La Protesta*

Lograda ¡por fin! la unidad la FORA llevó a cabo en abril de 1915 su IX Congreso, y en el que no podía faltar Marotta como delegado. Participó en la comisión que redactó el despacho sobre la finalidad de la central obrera, "que no se pronunciaba oficialmente partidaria ni aconsejaba la adopción de sistemas filosóficos ni ideologías determinadas"' eliminando la recomendación del comunismo anárquico del V Congreso y reafirmando la libertad para todos sus miembros de propagar sus especiales puntos de vista.

Al designarse el Consejo Federal Marotta fue electo para integrar el mismo y luego fue nombrado prosecretario, puesto que desempeñó hasta el 7 de noviembre de 1917, ocasión en la que pasó a ser secretario general, precisamente el día que estalló la revolución bolchevique en Rusia. Pero antes de que se produjeran esas designaciones ya habían sucedido graves hechos en el seno de la organización de los trabajadores de la Argentina. Desde el mismo momento en que se aprobó el retiro de apoyo al comunismo anárquico Rodolfo González Pacheco, Teodoro Antilli, Apolinario Barrera y otros iniciaron una nueva cruzada desde *La Protesta* contra esa decisión y, al poco tiempo, algunos sindicatos los apoyaron y formaron un nuevo Consejo Federal que proclamaba el comunismo anárquico. La división reaparecía una vez más, en el preciso momento en que se creyó que se había alcanzado definitivamente un frente unido de trabajadores.

A pesar de todo Marotta se mantuvo en la brecha, sin flaquezas ni desfallecimientos, transitando incansablemente todos los caminos del país. En 1917, de nuevo en representación de la FORA y de la Federación Obrera Ferrocarrilera, visitó las líneas del sur de Buenos Aires, Oeste y Compañía General; y al año siguiente su tarea se desarrolló en el litoral. Participó activamente en las grandes huelgas marítimas y en la memorable huelga de Pérez y Rosario (Central Argentino), que tanto influyó en el levantamiento general de los obreros ferroviarios en 1917 y en los parciales de 1918.

En su informe al X Congreso de la FORA resumió Marotta ese período escribiendo que "los trabajadores para triunfar no sólo necesitan tener razón y justicia, también deben tener en cuenta las circunstancias y el poder de su organización. Una y mil veces la central obrera en presencia de las luchas sindicales llamará a los huelguistas a la reflexión para aventar toda forma caótica e inorgánica, imprimiendo, en cambio, homogeneidad y sabiduría al movimiento. A la ausencia de estas previsiones tan necesarias en toda fuerza combatiente se deben algunas derrotas o resultados poco satisfactorios".

A fines de 1918 se reunió el X Congreso de la FORA, que fue presidido por el dirigente marítimo Francisco J. García, los congresales resolvieron saludar "los heroicos esfuerzos que realizan los trabajadores de Rusia y Alemania para dar cima a los anhelos que constituyen el nervio de la actividad creadora del proletariado universal: libertar el trabajo y suprimir la explotación del hombre por el hombre, condición primordial para la instauración del régimen de productores libres e iguales".

El Consejo Federal había encargado a Marotta la redacción de las nuevas bases, que fue el tema central del Congreso y que resultaron aprobadas después de una amplia discusión. Se explicó que esa Carta Orgánica más completa era necesaria para satisfacer el crecimiento de la FORA, que de 66 sindicatos adheridos en 1915 contaba en ese momento con 166 organizaciones en su seno.

Reelecto Marotta por la totalidad de los delegados miembro del Consejo, éste lo ratificó en el puesto de secretario general.

Al frente de la F.O.R.A.

En seguida recayó sobre los hombros de Marotta una pesada responsabilidad con los sucesos de "la semana trágica" de enero de 1919. Afrontó la grave tarea con serenidad en un ambiente de violencia, odio y terror. Encaró, en primer término, la organización de la huelga, la defensa armada de los locales gremiales, y se ocupó personalmente de los presos.

"La secretaría de la FORA se había convertido en el receptáculo diario de infinidad de denuncias por mal trato a los numerosos detenidos —escribió el dirigente ferroviario José Negri—. Pese al clima de violencia e incomprensión que se vivía, gracias a su tesonera y valiente actitud, como, asimismo, a sus grandes dotes de hombre de gravitación, logró entrevistar a los detenidos constatando el estado desolador en que se encontraban. Y en la entrevista que posteriormente logró de la Jefatura de Policía para protestar por el trato inhumano que se les prodigaba fue tanta la energía y la indignación con que dejó expuesta su protesta que casi queda haciendo compañía a los detenidos. Esa valiente actitud del compañero Marotta determinó que, de inmediato, se mejorara notablemente la situación de aquellos hombres privados de libertad por defender la dignidad humana. También demostró sus cualidades de hombre de temple en ocasión en que llegaron a la F.O.R.A. denuncias de que grupos de fascinerosos que se titulaban estudiantes habían resuelto asaltar e incendiar el local, organizando rápidamente la defensa del mismo pese a la escasez de medios con que se contaba".[7]

Una vez alcanzados los objetivos propuestos con el movimiento de fuerza, llegó a un acuerdo con el gobierno de Yrigoyen y la patronal, para finalmente lograr la libertad de los gremialistas encarcelados y la reapertura de los sindicatos cerrados por la policía.

"Marotta, junto con otros representantes de la FORA, debían entrevistarse con el presidente de la República: Hipólito Yrigoyen —contó Luis R. Bartolo—. Claro está, la mañana que debían hacerlo con cierta anticipación se reunieron todos los que iban a participar de la entrevista. De más está decir que todos se habían preocupado de su aspecto personal: el cuello de la camisa, el nudo de la corbata y hasta el lustre de los zapatos. Sus trajes, como es natural, fue lo que más le preocupaba y a Marotta más que a ninguno, puesto que bien sabía la antigüedad de su vestimenta. En un momento dado se le oyó decir:

—¡Una tijera! ¿Dónde hay una tijera?

"Tras esperar unos segundos le suministraron lo que pedía. Una de las mangas de su saco terminaba con unas hilachas que denunciaban el tiempo de su uso. Marotta, con pulso firme y sonriendo, cortó a ras los hilos que hablaban de su ajustada economía".[8]

Los representantes obreros expusieron a Yrigoyen los verdaderos motivos de la huelga general; la actitud provocadora de la policía, los bomberos y las fuerzas armadas, que obstaculizaron una solución más serena del conflicto con la casa Vasena; la necesidad de que las organizaciones obreras tuvieron derecho de reunión y de huelga, con garantías para su acción, siempre y cuando no violaran las libertades generales; y, por último, la difícil situación económica de los trabajadores. El primer magistrado escuchó atentamente los reclamos y luego ordenó la reapertura de los sindicatos clausurados, la libertad de 1.500 presos y el retiro de las tropas de la Capital Federal.

La Federación Sindical Internacional

En el mes de junio de 1919 se cursaba una invitación —rescatada del olvido por Electra González vda. de Marotta— a los principales dirigentes sindicales, que decía: "Tenemos el agrado de invitarle a la comida íntima que un grupo de amigos ofrecerá el sábado 5 de julio, a las 9 p.m., en el restaurant Conte, a los camaradas Sebastián Marotta y Pedro Vengut, con motivo de su viaje a Europa, que emprenden para asistir como delegados de la F.O.R.A. a la Asamblea Internacional Obrera, a celebrarse en Amsterdam dentro de breves semanas". Hasta el menú era revolucionario, estaba integrado por: Hors d'oeuvres "Fraternelles Idées; Suprème de Turbot "Aurore Proletaire", Nouilles "Syndicalistes a la Marotta"; Poulet de Fraises "Le Capitaine Boycott"; Gateau "Emancipation a la Vengut" y café "Transformation Sociale"[9]. En la cena se firmó un pergamino de la "F.O.R.A. a los amigos Marotta y Vengut, sinceramente, recuerdo solidario", que fue rubricado, entre otros, por Luis Lauzet, Francisco Rosanova, B. Senra Pacheco, Luis Bernard, Fortunato Marinelli, Juan Pallas, Daniel Alvaredo, D. Scolnicoff, Antonio Bravo, José Benvenutto, Antonio Marinelli, Carlos Saporiti, Augusto Pellegrini, José Lodi y Eduardo Pereyra.[10]

Por dificultades derivadas de la Primera Guerra Mundial, que había finalizado el año anterior, Marotta y Vengut no llegaron a tiempo para participar en el Congreso del que nació la Federación Sindical Internacional (29, 30 y 31 de julio y 1° y 2 de agosto de 1919), pero cumplieron con la segunda parte de su cometido, estableciendo relaciones con casi todas las centrales europeas. En el Congreso de la Confederación General del Trabajo (C.G.T.) de Francia, celebrado en Lyon en el mes de setiembre, especialmente invitados, llevaron el saludo de los trabajadores argentinos; con los miembros directivos de la flamante organización mundial presentes en la asamblea francesa resolvieron trasladarse a Holanda para formalizar la adhesión de la FORA a la Internacional. Realizado este cometido, fue encargada la central argentina de procurar la afiliación de las otras de América del Sur a la Federación Sindical Internacional, de convocar a un Congreso sudamericano para crear el organismo regional y designar el miembro que en su representación integraría el organismo de dirección de la Internacional. La Unión General de Trabajadores (UG), de España, al pasar Marotta por Madrid, lo invitó a pronunciar dos conferencias en la Casa del Pueblo sobre el sindicalismo en la Argentina.

De regreso al país, Marotta retomó su puesto de lucha. "Tuve la suerte de estar cerca de él, como su colaborador en la Secretaría de la FORA —expresó con orgullo Alfonso A. López, militante ferroviario—. El nombre de la central obrera había logrado despertar en los trabajadores un sentimiento de clase, llegando a comprender fácilmente sus claros principios y su finalidad. Por imperio de las necesidades, en todas partes, los sindicatos presentaban pliegos de condiciones a los patrones, y en la mayoría de los casos debían recurrir a la huelga por no ser atendidos. Todos los días salían compañeros delegados en distintas direcciones para colaborar. Las quejas por falta de garantías, desconociendo las autoridades del gobierno el derecho de reunión y de huelga, efectuando detenciones de los obreros más destacados, clausurando los locales, obligaban a un trabajo abrumador en la Secretaría, de la cual Marotta era el nervio. No se podía demorar ante una queja; era urgente e indispensable llevar el aliento solidario a esos trabajadores que estaban luchando por su mejoramiento, a quienes se les oponían toda clase de obstáculos. Y Marotta que estaba consustanciado con todo ese gran movimiento que él había contribuído a desarrollar con su esfuerzo, no incurría en demoras y propiciaba la solución. Desde la mañana temprano hasta altas horas de la noche, su presencia en el local de la FORA era segura, inclusive los sábados y domingos; con él colaboraban numerosos compañeros de sindicatos luego de haber cumplido su trabajo en los talleres. Un hermoso ambiente de compañerismo y colaboración por el triunfo de una causa común. Mucho aprendí al lado de este gran compañero, que como secretario se vio siempre rodeado y ayudado por los mejores militantes del movimiento sindical".

"A la hora del almuerzo —agregó— muchas veces lo acompañaba hasta su vivienda, una pieza grande en una casa muy amplia, en donde lo esperaban su esposa y sus tres hijos pequeños, y volvíamos a la Secretaría para continuar trabajando. Quiero destacar que Marotta poseía una gran capacidad de trabajo y, dentro de esa cualidad, se las componía para entregar colaboraciones a muchos periódicos sindicales, a *La Organización Obrera*, publicación oficial de la central; redactaba declaraciones del Consejo Federal de la FORA, manifiestos de protesta o reafirmación sindical, pronunciaba conferencias en locales de sindicatos o en concentraciones de obreros en huelga, especialmente el de la Federación Obrera Marítima, en donde, junto con su gran secretario Francisco J. García, animaron a los huelguistas por casi dos meses."[11]

Interregno en Tres Arroyos

El 1º de mayo de 1920 la FORA se dirigió a la Cámara de Diputados para solicitar la derogación de la Ley 4144 de Residencia y la Ley 7029 de Defensa Social en representación de 535 sindicatos y la sanción de otra destinada a amnistiar a todos los trabajadores condenados a prisión o expulsados de la Argentina por haber participado en huelgas. "Las citadas leyes violan los derechos establecidos en la Carta Fundamental de la República —denunciaba el documento—, convierten en un mito el principio según el cual ningún habitante de la Nación puede ser penado sin juicio previo, arrestado si no media orden escrita de autoridad competente". El derecho que le acuerda de asociarse con fines útiles; la igualdad ante la ley; la libertad de imprenta, de expresión o cuando reconoce a los extranjeros el goce de los mismos derechos civiles que todos los ciudadanos, denunciaba que eran una mera ficción.

Las leyes quedaron, pero disminuyó la persecución; era menos frecuente la aplicación de la Ley de Defensa Social; fue definitivamente encarpetado el proyecto de ley mordaza para los sindicatos; algunos militantes obreros recobraron la libertad.

En oportunidad del XI Congreso de la FORA, realizado en La Plata en enero de 1921, Marotta estaba decidido a abandonar las funciones que lo mantenían alejado del taller, a cuya vida anhelaba volver después de tres años y tres meses de ausencia. Los ásperos debates interferidos con problemas extrasindicales derivados de la situación política internacional demostraron que la organización se había "convertido en un campo de Agramante, para alcanzar, de acuerdo con los dictados e intereses de los grupos ideológicos o partidos, la dirección espiritual y el control del movimiento obrero".

Marotta no tenía vocación ni voluntad de participar en esa polémica que los debilitaba frente al capitalismo y al Estado; desistió entonces de presentar su candidatura, a pesar de la oposición de camaradas y amigos de todas las tendencias que deseaban que continuase al frente de la FORA, y reinició su trabajo en el taller. Como repudio por las luchas intestinas que estirilizaban todos los esfuerzos obreros vivió en Tres Arroyos desde 1921 hasta 1927.

"En carta del 20 de marzo de 1923 hace recordación de su reciente pasado de actividad sindical intensa y, seguidamente, confiesa que está entregado a una vida de reposo, desvinculado de las actividades sindicales, pero no despreocupado de ellas. Algunos compañeros nos encargamos de la tarea de hacerle llegar frecuentemente información —consistente en periódicos, revistas, inclusive de otros países— que valora mucho. Siempre fue un gran lector, un estudioso y mucho se interesaba por el movimiento sindical francés por la similitud de orientación de la C.G.T. de aquel país con nuestra FORA. Su pronunciada avidez por este material lo llevó, por propio esfuerzo, al aprendizaje del idioma francés. Por ese entonces realizaba traducciones y trabajos que por nuestro intermedio los hacíamos publicar en periódicos sindicales de Buenos Aires".[1][2]

Su permanencia en esa localidad del sur bonaerense no fue a partir de ese momento de descanso y menos de desatención de las cuestiones sindicales; organizó el Sindicato de Obreros Gráficos, del que fue secretario general en varios períodos, que dejó a Tres Arroyos por primera vez sin diarios, a raíz de las huelgas generales declaradas por la U.S.A. con motivo de la ley de jubilaciones y de protesta por la muerte de Kurt Wilckens, el vengador de los obreros fusilados en la Patagonia.

Prolegómenos de la fundación de la CGT

El regreso de Marotta a Buenos Aires coincidió con la realización del Congreso constitutivo de la Federación Obrera Poligráfica Argentina (F.O.P.A.) y, a pesar de no haber sido miembro de la asamblea, al tener ésta conocimiento de su presencia en Buenos Aires, lo designó miembro del Comité Central y este, a su vez, prosecretario. En dicho Congreso la F.O.P.A. había considerado el problema de la unidad obrera frente a un embestida patronal encaminada a desconocer la jornada de ocho horas, tomando una resolución favorable a la unificación de las centrales existentes (8 de julio de 1927). En cumplimiento de la misma el Comité Central designó una comisión encargada de tramitar el acercamiento entre la Confederación Obrera Argentina (COA), la Unión Sindical Argentina (USA) y la Federación Obrera Regional Argentina (FORA). Logrado el éxito con las dos primeras, se creó otra comisión encargada de redactar las bases de la unidad, para la que fue designado Marotta, conjuntamente con Silvetti y Negri. En la recordación del 1° de Mayo Marotta fue enviado como orador principal del acto que la Unión Obrera local efectuó en La Plata, ocasión que no desperdició para bregar por la unidad obrera. El programa del acto tenía un poema de B. Senra Pacheco que hacía un llamado a todos los trabajadores:

"Que los brazos nervudos
y las manos callosas,
esas mismas que angustiadas se crispan
domeñando la máquina
para dar de vivir a burgueses venturados y a la
tierna burguesa
de mejillas de rosa,
se liberen en gesto epopéyico
de los yugos históricos,
y sus nervios y empuje lo sumen
a la lidia de obreros heroicos
para dar libertad a la clase que cimenta la
vida en sus obras
Todos los que han odiado;
todos los que han sufrido;
todos los que desearon cascabelear su risa a
pulmón pleno

y jamás han reído,
¡Todos los que han sufrido!
que en este día en alas del recuerdo se levanten
y con nosotros su idealismo afirmen
y entre nosotros su optimismo canten"[13]

Como un eco a tan clamoroso requerimiento el periódico de la USA publicó un editorial solidario. "La USA que ha nacido de un Congreso unionista —decía— en el que participaron los sindicatos de un sector de la FORA, en cuyo seno se habían incorporado las entidades que componían la CORA, no será nunca un obstáculo a la unidad orgánica de los trabajadores puesto que desde su creación trabajó siempre entusiastamente por hacer desaparecer los motivos de discordia y de facilitar el acercamiento de los núcleos obreros. Por eso el Comité Central, al considerar la proposición de la Federación Obrera Poligráfica Argentina, tomó una resolución en concordancia con su origen, su orientación y sus fines, que merecerá el apoyo de la totalidad de los sindicatos que la integran y han demostrado sus anhelos unionistas en el II Congreso Nacional".[14]

Mientras los sindicatos de las centrales pactantes estudiaban las bases de unidad, la Federación Gráfica Bonaerense, de la que era miembro Marotta, firmó un convenio con los industriales a raíz del cual resultaron perjudicados los obreros linotipistas. Producida una protesta por los obreros de esa rama, se exteriorizó mediante la constitución de una agrupación profesional y la Federación Gráfica Bonaerense no tuvo más argumentos para contestar a aquella que la expulsión de los linotipistas que expresaran su descontento. Por ese motivo fue creada la Unión Linotipista, Mecánicos y Afines (U.L.M.A.) en 1928, de la que fue secretario Marotta en 1929, 1930 y 1932.

"Las intervenciones de Marotta en la Comisión de Unidad fueron ejemplos de comprensión, clases de bien entendido sindicalismo —apuntó uno de los integrantes de la misma— y, sobre todo, demostró en todo momento el tacto suficiente como para aunar voluntades entre el elemento tan heterogéneo que componía dicha comisión. Fue una gigantesca tarea la que debió ejecutar, ya que al haber sido designado paraa redactar las bases de unidad debió utilizar su gran capacidad de captación y su no menor comprensión del momento que se vivía para poder aunar los dispares criterios de los compañeros. Fue esta una contribución más del inolvidable amigo a la unidad de los trabajadores, que la historia de las luchas sociales en nuestro país no podrá desconocer por la enorme fuerza que a partir de entonces adquirió el movimiento obrero organizado".[15]

El comienzo de la década infame

Creada la Confederación General del Trabajo (C.G.T.) en setiembre de 1930, la U.L.M.A., cumpliendo con los propósitos expresados en su declaración de principios, se incorporó a la central no bien fue invitada a hacerlo. Designado Marotta miembro del Comité Nacional Confederal, en mayo de 1931, la Junta Eejecutiva le confió la representación de la CGT a la XV Conferencia de la Organización Internacional del Trabajo (O.I.T.), y fue acompañado por Bernardo Becerra y Alfredo Viola. También fue delegado de la central obrera ante la Comisión de Estudio de las industrias insalubres y en el Comité Confederal; entre otros cometidos, integró la comisión redactora del reglamento interno y la del anteproyecto de estatuto confederal.

En un artículo en el *Boletín de la Confederación General del Trabajo* hizo una impresionante descripción de la situación de los obreros. "La desocupación, con todo su cortejo de hambre y de miseria, va adquiriendo proporciones de gigantesca magnitud —expresó—. Centenares de miles de trabajadores carecen ya en absoluto de medios de subsistencia, y no son pocos los que, a causa de las suspensiones periódicas del trabajo, vienen viviendo desde larga data a media ración. Consecuencia de este estado calamitoso, sólo conveniente para la plutocracia dominante, es la rebaja experimentada en los salarios de los obreros que aún continúan prestando servicios a la producción, y el aumento de la jornada de trabajo en algunas industrias y como si fuera poco todo esto, dada la desvalorización del papel fiduciario, agrégase todavía la elevación asombrosa de los precios en los artículos más indispensables para la existencia humana". Resumía luego el programa de la C.G.T. para cambiar ese lamentable estado de cosas, y agregaba que "el proletariado actual no es el ilota de edades pretéritas que atribuía a sus males un origen divino y creía por lo tanto inútil rebelarse en contra de ellos. Sabe que cuánto sufre es producto del sistema social imperante y que éste, como toda creación humana, está sujeto a mutaciones; en una palabra, que la resignación y la mansedumbre no pertenecen a estas horas en que el hombre se considera agente de su propia historia"[16].

Para estar presentes en la XVI Conferencia de la O.I.T., viajaron en 1932 a Ginebra los delegados de la CGT, Marotta y Negri. El primero denunció en el periódico de la central obrera el chantaje efectuado por el gobierno de Italia, ante el que cedió la Conferencia a través de los sectores gubernamentales y patronales, logrando que permaneciera la seudo delegación de trabajadores fascistas, impugnada por los obreros de todo el mundo. Al margen de ese desacuerdo se analizó la edad de admisión de los niños en la profesiones no industriales; la semana de 40 horas; la desaparición de las oficinas de colocaciones y la necesidad de establecer seguros sociales para la invalidez, ancianidad y muerte. "Nadie debe hacerse ilusiones, desde luego, en cuanto a la bondad práctica de los acuerdos adoptados —advirtió Marotta—. La aplicación de las convenciones aprobadas y la aceptación de las que serán llevadas a la próxima Conferencia, reside siempre en la capacidad del movimiento obrero internacional. Toca a la clase obrera del mundo, que con su acción ha logrado imponer en el terreno internacional el reconocimiento teórico de sus derechos, continuar su esfuerzo para que esos mismos tengan un valor práctico"[17].

Ambos delegados argentinos regresaron al país en el barco "Cabo Santo Tomé" que frente a las costas del Brasil, en medio de una espesa niebla, chocó con el vapor "Cometa". "Es tarea que escapa a mis posibilidades narrar el dantesco espectáculo que se ofreció a nuestra vista —dijo uno de los testigos—. Pasajeros que yacían en el piso del comedor, hombres y mujeres corriendo despavoridos presas del pánico, gritos y llantos por doquier, gente que corría hacia los salvavidas presa de una histeria colectiva, hombres que buscaban afanosos los botes y otros medios de salvamento y, entre tanto pánico de muchos y cobardía de otros, allí estaba el compañero Marotta, en su sitio, con una enterza extraordinaria, olvidándose de su propia situación de peligro, levantando a los que estaban en el piso, calmando a los más enloquecidos, ayudando a muchas madres a encontrar a sus niños y reteniéndoles junto a sí para evitar que fuesen atropellados. Y fue en esos trágicos momentos donde la figura de este gigante se mostró con toda la grandeza del hombre que ha vivido, como lo hizo Marotta, para constituir el ejemplar humano que nos señalará siempre el camino de la redención del hombre".[18]

La historia y el fascismo

La grave situación nacional e internacional decidió a la CGT a llevar a cabo una serie de actos contra la guerra, la desocupación y la reacción capitalista. Marotta intervenía en la mayoría de ellos atacando al gobierno argentino y haciendo notar "la necesidad de permanecer alerta pues el enemigo del proletariado tiene el evidente propósito de crear un estado de cosas en que la libertad desaparecería totalmente y sin ella la acción liberadora que realizan los sindicatos sería prácticamente imposible. Por eso, hacia la CGT debían converger todas las actividades obreras para ofrecer un sólo frente a la reacción"[19]

La multitud de facetas del pensamiento de Marotta es fácilmente detectable en un trabajo sobre la Revolución de Mayo, en donde hizo apreciaciones de este calibre: "El análisis de ese acontecimiento, rico en enseñanzas, pone en evidencia la simplista explicación que de él nos de la ciencia oficial, cuando pretende hablarnos de los héroes o personajes como figuras legendarias, quienes sólo aparecen como exponentes en un momento dado de la historia". De allí deduce que el estudio de la historia a través de "monstruos de grandeza y de gloria" es solamente útil para los biógrafos que lucran de la gloria de sus héroes como los autores místicos de sus santos. "Las revoluciones sociales tienen elementos más complejos y las determinan causas más profundas que las que pretenden la explicación común, según la cual los designios divinos, o la sabiduría o la experiencia de determinados héroes, creados siempre por la fantasía humana, aparecen como únicos factores —agregaba—.

"Por intermedio de la doctrina objetiva, que aborda y penetra el conocimiento íntimo de los fenómenos históricos, resultan accesible a nuestro entendimiento los hechos sociales, y es siempre el esfuerzo colectivo, con el mudar de las generaciones, quien aparece, movido por factores materiales, como supremo realizador social"[20].

La crítica que Marotta hizo al fascismo desde sus primeros momentos fue también original porque estableció una distinción con un enfoque similar de la burguesía liberal. La democracia favoreció el desarrollo de las fuerzas revolucionarias del proletariado, como son los sindicatos y, a la vez, encontró en el fascismo al mejor agente para realizar la tarea de domesticación y sometimiento de los gremios, al pretender hacer de éstos un instrumento del Estado y no un movimiento con fisonomía propia, espontáneo y voluntario de la clase productora. El movimiento sindical es contrario al fascismo, explicaba Marotta, no porque éste sea enemigo de la ilusoria democracia política, sino en cuanto constituye la negación de su libertad y destruye la independencia y autonomía de la clase obrera para que sea gestora de sus propios destinos. La burguesía liberal es antifascista porque quiere conservar las instituciones actuales; la organización sindical está en contra del fascismo porque es un obstáculo al desarrollo de sus fuerzas revolucionarias. Cuando Marotta asentaba tan claras distinciones entre el antifascismo de la pequeña burguesía y el de los trabajadores, tenía como antecedentes su propio contacto en los Congresos internacionales con los obreros italianos y alemanes que enfrentaban a los totalitarismos, y con el proyecto de ley de reglamentación de los sindicatos presentado en la Argentina por el senador Matías Sánchez Sorondo, de inspiración fascista, tanto que su fuente principal había sido la *Carta del Trabajo* de Benito Mussolini.

En el ambiente económico-social del país en esa época, imperaba la escasez de trabajo, rebajas de sueldos y salarios, suspensión de escalafones y desmejoramiento de la salubridad y seguridad en las fábricas y talleres; desde el punto de vista político, se distinguía por el fraude y la burla a la voluntad popular. En consecuencia, las luchas gremiales, hasta la gran huelga de la construcción en 1936, se limitaron a mantener lo que se tenía mientras se capeaba el temporal.

En 1934, Sebastián Marotta viajó nuevamente a Ginebra —otra vez con Negri y el agregado de Leandro Morando— para la XVIII Conferencia Internacional del Trabajo, cuyos resultados consideró completamente negativos en notas publicadas a su regreso a Buenos Aires[21].

La primera división de la C.G.T.

En diciembre de 1935 tuvo que soportar Marotta el gran dolor de una división más de la central obrera[22] y se enfrascó ardorosamente en la polémica, escribiendo en casi todos los números del periódico de la CGT (Catamarca 577).

"Desde su constitución, el movimiento sindical argentino asiste a una incesante lucha intestina. Originan este combate los grupos extraños a la organización de los trabajadores que pugnan por tenerla a su servicio —explicaba en uno de ellos—. Partidos y sectas transforman el medio sindical en un campo de Agramante, e impiden con sus preocupaciones unilaterales la formación del poder homogéneo de que tanto ha menester la clase obrera en el combate con su tradicional adversario: el capitalismo".

"Desde la formación de la Federación Obrera Argentina hasta la Confederación General del Trabajo, la lucha por la unidad gira en torno a la independencia del sindicalismo y a su autonomía orgánica. Cuántas veces se afirmó ese principio en un Congreso obrero, los factores de disolución representados por los grupos políticos organizáronse para hacerlo naufragar. Y cuando considerábase, como consecuencia de las lecciones recibidas, despejado el camino de la unidad obrera con la constitución de la C.G.T., un partido —el Socialista— por conducto de sus agentes organizados facciosamente en el seno de los sindicatos, produce de nuevo la escisión."

Esta división de 1935, agregó Marotta, contó con el apoyo de los comunistas que saludaron alborozados el desplazamiento de los presuntos "jefes reaccionarios del movimiento obrero", esperando que ahora la C.G.T. se decidirá a integrar el "Frente Nacional" para la lucha "contra la opresión del capitalismo extranjero y sus aliados internos".

"Los sindicatos son, para socialistas y comunistas, menores de edad que necesitan del respectivo partido como de andadores para conducirse por la vida —concluía Marotta—. Protectoras de la organización obrera e inspiradoras de su acción ambas fracciones están prestas a expresar su repudio no bien pretenda exteriorizar un pensamiento y una doctrina propios. Por eso estallan en juicios detonantes cada vez que osa enunciar propósitos de independencia o ideas queno sean concordantes con las que, conforme a sus conveniencias políticas, sustentan los respectivos partidos erigidos, por sí y ante sí, en directores espirituales de la clase obrera militante".[23]

El Congreso Constituyente de la C.G.T. (marzo-abril de 1936) fue calificado de "familiar" para socialistas y comunistas por Marotta y para ello ejemplificó con que se había borrado del estatuto el artículo 29, que establecía la renuncia automática al cargo sindical de todo miembro del Secretariado, Comisión Administrativa y Comité Confederal que aceptase una candidatura política. Además, poco después, la C.G.T. participó en un acto conjunto con oradores de todos los partidos en la conmemoración del 1° de Mayo.

El Club Voluntad

Dirigentes de diversos gremios decidieron tener un lugar de vinculación entre los amigos de la organización obrera y todos los que sintiesen alguna inquietud de orden sindical o social, y fundaron, en octubre de 1935, el club de militantes Voluntad, que tuvo su local en Bartolomé Mitre 3638 y, tiempo después, en la otra cuadra —3748—, en donde estableció su sede la Federación Ferroviaria en 1938.

Entre los fundadores se encontraban Sebastián Marotta, Alejandro Silvetti, Andrés Cabona, Orestes De Salvo (que le dio nombre al club), Juan Bilbao, Luis Gay, Juan Atilio Bramuglia, Rafael Fabiano, Avelino Martínez, José Cabrera, Ruggiero Rúgilo, Vicente Tidone, José Montesano, Luis María Rodríguez, Bernardo Zugasti, Luis Miranda, Manuel V. Ordóñez y otros.

Se organizaban comidas y conferencias: en el primer caso, contaban con la colaboración de cocineros de a bordo y de Electra González, que era infatigable en todas las tareas inherentes al funcionamiento interno de una entidad de esa naturaleza; para el segundo, se utilizaban los servicios de los propios asociados o de algún invitado especial.

En cierta oportunidad en que hablaba Marotta, en el fondo de la habitación estaba Silvetti escuchándolo de pie y cuando aquél terminó su exposición, éste se encontraba completamente afónico. Electra comentó risueñamente: "Ustedes dos son tan amigos que cuando habla Marotta quedan afectadas las cuerdas vocales de Silvetti".

El pintor Gustavo Cochet, nacido en Rosario y vinculado a círculos anarquistas, fue uno de los contertulios del Club Voluntad a su regreso al país, después de luchar por la República Española en la guerra civil. Este noble ser humano, que con humildad realizó una excepcional obra artística (pinturas, dibujos, acuarelas y litografías, centralizadas en aspectos de los suburbios ciudadanos, muelles, gente del pueblo y del trabajo), que mereció el encomiástico elogio de los principales críticos del mundo, dedicó uno de sus trabajos al Club en 1949. En él se puede apreciar una mesa sobre la que se lee: "Club Voluntad. Bar, mejor atendido de Buenos Aires, A sus amigos y enemigos. Gustavo Cochet".

Los asociados y asistentes habituales fueron siempre obreros, dirigentes e intelectuales que sentían particular simpatía por el desenvolvimiento del sindicalismo en la Argentina, que por existir ese lugar de reunión evitaba la dispersión o tener que citarse en un café cualquiera.

Era algo así como un punto de concentración de todos los que experimentaban inquietudes sociales, y creían en el importante papel que le correspondía al movimiento obrero en el progreso nacional.

En octubre de 1951 fue clausurado por la policía, que lo consideró como un foco subversivo en donde se habían reunido los conspiradores de la revolución militar encabezada por el general Benjamín Menéndez del 28 de setiembre de ese año, y varios de sus componentes fueron detenidos —entre ellos Sebastián Marotta y Electra González— y después quedaron en libertad por no haberse comprobado nada en su contra. No obstante ello, y a pesar de no haber sido clausurado definitivamente, sus asociados, por iniciativa propia, disolvieron el

Club Voluntad, porque a partir de entonces el local era allanado periódicamente por la policía.[24]

Marotta, el tango y Gardel

A principios del siglo XX circulaban por las calles de Buenos Aires los organilleros. Por una moneda de cinco centavos ejecutaban una pieza musical, y esto, muchas veces daba lugar a que se improvisara un baile en la puerta de cualquier casa de barrio; así aprendió Marotta a bailar, al compás del organito en su Barracas natal. Ya adolescente, con sus hermanos y algunos amigos tocaban la guitarra, formando un grupo que no dejaba de dar serenatas a joven alguna de la zona.

Años después también cobró afición por la música clásica, e integrando la claque con otros compañeros, pudo asistir a los espectáculos dados por grandes cantantes y actores como Enrico Caruso, Tita Ruffo, Ermete Zaccone, María Guerrero, los Podestá e infinidad de importantes personalidades artísticas de la época de oro del arte lírico y dramático.

Era especialista en tango y en una oportunidad en que se encontraba en Ginebra, asistiendo a una Conferencia de la Organización Internacional del Trabajo (OIT), fue invitado al consulado argentino. Al entrar al salón la orquesta comenzó a tocar "La Cumparsita" y la esposa del representante diplomático lo invitó, siendo la única pareja que bailó en medio del aplauso de los presentes. Cuando lo felicitaban por lo bien que lo había hecho respondió: ¡Ni sé cómo bailé, por la emoción que me causó escuchar un tango tan lejos de la Argentina!". A pesar de que le gustaba mucho bailar, en Buenos Aires no lo hacía regularmente; aprovechaba los festivales obreros o las reuniones familiares.

También fue un gran admirador de Carlos Gardel y afirmaba a quien quisiera oirlo que nadie podía cantar un tango con su emoción y simpatía. Por ello usó toda su vida sombrero al estilo gardeliano; cierto día, caminando por la calle Montevideo, se enfrentó con un borracho que al verlo interrumpió su paso mientras le decía: "ese som...bre...ro no es su...yo, Ese som...bre...ro es de Car...li ..tos; es de Car...li...tos Gar...del".

Tocaba la guitarra de oído y ya en los altos años de su

vida, solía entonarle a su nieta una canción de *La piedra del escándalo*, de Martín Coronado, obra con que se inició una nueva y resonante época del teatro verdaderamente argentino:

*Sobre el alero escarchado
encontré una palomita helada,
que el viento la había extraviado,
por ser tuya la he cuidado
con cariño y con desvelo...*[25]

El historiador gremial

Después de sesenta años de activa y relevante militancia gremial, Marotta fue requerido por todos los compañeros sobrevivientes de la época heroica del sindicalismo argentino, para que dejara registrado en un trabajo de largo aliento todas las vicisitudes padecidas y las conquistas alcanzadas en la dura porfía.

Hombre orgánicamente muy activo, le abrumaba la perspectiva de iniciar una historia de esa extensión, a pesar de que escribía con facilidad y fluidez. En Tres Arroyos había llegado a redactar, prácticamente solo, un periódico, con noticias generales, editoriales, polémicas entre contendientes inexistentes, secciones literarias —en las que revivía personajes de la picaresca española, adaptados a la vida pueblerina—, históricas y sindicales. Para ello apelaba a seudónimos como C. Villalobos Domínguez; S. Eviterno, "El tipo sereno", "El que asistió a su entierro" y otros por el estilo.

Se había formado intelectualmente al lado de Luis Bernard, un muy culto dirigente gráfico, a quien Marotta admiró mucho durante toda su vida. Juntos leyeron y comentaron con profundidad los más importantes libros clásicos y las últimas publicaciones sociales, en una pequeña imprenta ubicada en un subsuelo de la calle Bustamante.

"Hace años nació entre nosotros la idea de realizar un trabajo de recopilación que, al par que el génesis y desarrollo del movimiento sindical del país, refiriese con la mayor objetividad posible, sin reserva alguna, sus grandezas y miserias, su fuerza y debilidad, sus virtudes y defectos —comentó Marotta—. Entre otros, debo recordar a Francisco Rosanova, militante de extraordinaria cultura sociológica y filosófica. Había sido Rosanova secretario durante los años 1912-1922, de la Federación Obrera Ferrocarrilera y luego de la Federación Ferroviaria, regazo en el que se acunó la Unión Ferroviaria. Con él elaboramos el esquema en torno al cual debía girar la obra. La tarea práctica y absorbente impuesta por la militancia, por una parte, la temprana muerte del egregio militante sindicalista por la otra, frustraron aquellos planes."

De esa manera fueron pasando los años sin que el trabajo se concretara, hasta que en el acogedor ambiente del Club Voluntad recibió los amistosos y perentorios reclamos de los amigos que lo urgían a cumplir ese deber ineludible de luchador social.

"—Es lo más valedero que puede dejarnos —le decían—. ¿Para qué más cargos a su edad? En la Federación Argentina de Trabajadores de Imprenta (F.A.T.I.), en la Caja de Jubilaciones de Periodistas y Gráficos, pueden suplirlo muchos. Su libro, en cambio, sólo puede hacerlo usted.

"Asumía entonces un gesto de chico tomado en falta, hundía las manos en los bolsillos, oscilaba su cuerpo voluminoso y los ojos se volvían huidizos, acentuando un cierto aire de ingenuidad que le era característico. Acostumbrado a sostener sus afirmaciones, no se arriesgaba a formular promesas que después, los compromisos contraídos, le impedirían cumplir".[26]

Finalmente, Electra González fue el factor desencadenante, porque tomó a su cargo, con entusiasmo, paciencia e ilimitada capacidad de trabajo, la oscura tarea de búsqueda de datos, lectura de viejas crónicas periodísticas y copia de los hechos más importantes, todo lo cual obligó moralmente a Marotta a enfrascarse en *El movimiento sindical argentino*, que sería el título definitivo de la obra. Al encararlo tenía como guía un concepto de fondo: frente a la visión providencialista que atribuía a determinados seres privilegiados —los héroes—, el tejido del cañamazo histórico, por una particular sabiduría que les permitía conducir a los pueblos a través de todas las asechanzas, cuando se daban el tiempo y las circunstancias, Marotta creía, en cambio —como se ha visto—, en el esfuerzo colectivo encabezado por la clase obrera como realizadora de los cambios sociales.

"Confieso que no me habría sido posible realizar esta

obra —reconoció— si no hubiese contado desde sus comienzos con la valiosa cooperación de Electra —como gusta ser llamada mi colaboradora—. No debo ocultar un hecho que pudo haberlo frustrado: dos años después de iniciado el trabajo —el 10 de marzo de 1955—, fue allanado por la Policía Federal su domicilio que, desde hacía cuatro años, venía siendo objeto de extrema vigilancia y de periódicas visitas policiales. En esa visita la sorprendieron pasando a máquina originales manuscritos del primer tomo. Como correspondía... la autoridad policial incautóse de cuantas páginas tuvo a la vista. Comprendían éstos los primeros once capítulos. Ante la tenaz reclamación de mi entusiasta y eficiente colaboradora, la policía, luego de copiarlos, procedió a devolvérselos. Buena parte de los recursos para costear su edición —no tengo empacho en decirlo— ha sido reunida por ella en un esfuerzo generoso que obliga a mi eterno reconocimiento".[27]

La desinteresada y singular participación de Electra González se repitió en el segundo y en el tercer tomo. La publicación de este último, se debió exclusivamente a su contribución económica. No conforme con ello, luego se empeñó en una campaña de difusión de los tres volúmenes y no sólo los envió a la mayoría de las bibliotecas nacionales, sino también a las principales del mundo.

Desde Cambridge recibió una expresiva carta del profesor David P. Rock: "*El movimiento sindical argentino* de Sebastián Marotta no sólo será de gran utilidad para mis propios trabajos, sino para las futuras generaciones de estudiantes —tanto argentinos como extranjeros— del movimiento obrero en la Argentina. Muy pocas veces se puede encontrar información tan autorizada y amplia de este proceso histórico, ni tantos datos personales"[28].

Un paladín de la unidad obrera

Al cumplir 80 años, Marotta recibió un homenaje de reconocimiento por su esforzada lucha, en el Hotel Marcone de la Capital Federal, y como prueba de que mantenía una envidiable lucidez pronunció un vibrante discurso que recordó sus mejores alocuciones de instancias trascendentales del sindicalismo nacional.

Este fundador del gremialismo argentino, muchas veces injustamente acusado de "agitador profesional", mereció el elogio por sus intenciones constructivas, rara vez hecho por un antagonista.

"Hizo falta medio siglo de historia argentina, hizo falta la dramática experiencia española; hizo falta la pausa forzada de un exilio prolongado, para reconsiderar los hechos vividos y meditar serenamente en las circunstancias, para aquilatar valores, para separar la hojarasca de la semilla sana y fecunda, para descubrir los que fueron aciertos y los que fueron errores y equivocaciones —confesó Diego Abad de Santillán con dramática entereza— y tuvimos entonces la necesidasd imperiosa de reconocer en privado y públicamente lo que antes no nos habíamos detenido a juzgar, porque fuimos beligerantes de trinchera, y desde la trinchera las cosas no se ven como desde fuera de ellas".

"Tuvimos necesidad de decirle a Sebastián Marotta que sostuvo en su línea de conducta y en su batalla en una posición más sólida, más acertada, más realista, que aquella a la que nosotros nos habíamos ajustado, con la misma integridad, con la misma honestidad interior que él, con la misma fe, con la misma abnegación y el mismo sacrificio —agregó sin ambages—; tuvimos que decirle que fuimos en buena parte culpables de sus frustraciones en muchas de sus nobles empeños e iniciativas, hasta que acabamos todos en la impotencia y en la inoperancia. Si no lo hubiésemos dicho nos habría quedado un lacerante remordimiento".

"Alentó Marotta congresos de fusión sindical, campañas de unificación de los trabajadores organizados y cosechó un fracaso tras otro, una frustración tras otra. ¡Cómo hubiese cambiado el panorama político, económico y social de la Argentina si los sindicalistas sin adjetivo, a lo Marotta, hubiesen llegado a un buen acuerdo con los que pugnábamos tesonera y sinceramente por un sindicalismo adjetivado! —expresó finalmente con inusitada crudeza—. "Unidos éramos una fuerza contra la que se hubiesen estrellado todo enemigo, todo adversario, de dentro y de fuera. En trincheras independientes, y más que independientes, hostiles, fuimos declinando y, al fin, todos fuimos arrollados por los que no supieron de la deplorable discusión sobre si eran galgos o podencos. Ahora nos queda, a los que sobrevivimos, el recurso poco alentador de la lamentación y de la evocación histórica".[29]

Sebastián Marotta impuso en el ámbito sindical internacional respeto por la organización obrera argentina; dentro de las fronteras nacionales estuvo más allá de tendencias ideológicas e intereses sectoriales y procuró asegurar el derecho de todos, incluídos sus adversarios; fue durante toda su vida fiel a sus ideales; amó entrañablemente a su país y a sus expresiones populares.

El 11 de enero de 1970, "al rendir tributo a la inexorable ley que preside la vida en su eterna creación y derrumbe", como gustaba decir, lo tenía todo previsto. A la cremación de sus restos asistió el ex presidente de la Nación, Arturo H. Illia, dirigentes sindicales y humildes trabajadores que admiraban su intachable actividad gremial y su honestidad a toda prueba. Como era su voluntad, sus cenizas fueron esparcidas en el Río de la Plata para confundirse con el humus de su tierra natal.

Sebastián Marotta (sentado) rodeado por miembros del Sindicato de Obreros Constructores de Carruajes (1910).

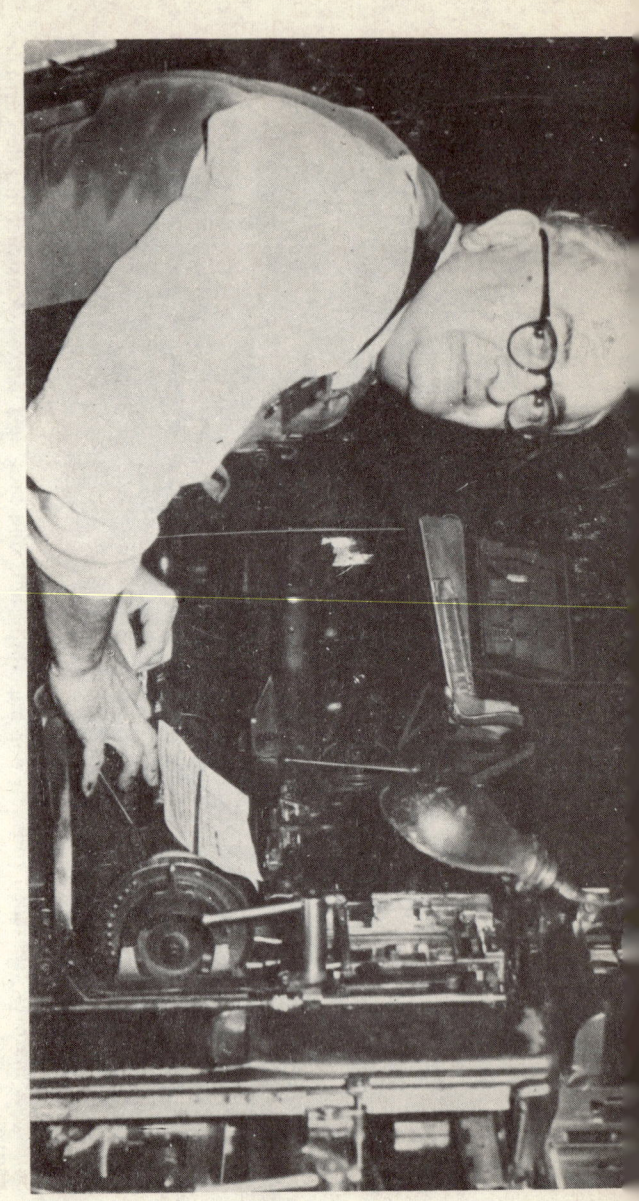

Sebastián Marotta, trabajando en *Crítica* (1955).

Apéndice:

textos de Sebastián Marotta

DOLOROSA COMPROBACION

No es una novedad para nadie si recordamos aquí la acusación tantas veces formulada contra los sindicalistas que tuvieron ocasión de actuar durante la hora de mayor esplendor del movimiento sindical argentino. No nos referimos a la que ha tenido un origen patronal y que luego hicieran suya ciertos elementos pseudo obreros. Conocido es de todos el interés que tiene la clase capitalista de llevar la confusión y la intriga al seno de los organismos sindicales que se han dado los trabajadores. Ella difama a los militantes obreros, comúnmente en voz baja, y lo hace por medio de sus instrumentos conscientes e inconscientes, sea por necesidad fisiológica, sea por espíritu defensivo de sus prerrogativas o por simple conveniencia de clase. Si algunos se han hecho eco de las insidias patronales y luego las han repetido como papagayos, es cosa archisabida que al final resularon ser, ora confidentes de la policía y de las empresas capitalistas, ora chantagistas disfrazados de revolucionarios, ya canfinfleros y ladrones que exhibían sus entradas en los calabozos por actos de su profesión repugnante como si fueran fojas de sus servicios revolucionarios y blasón de su martirio ideológico, ya simples crumiros, serviles y sumisos ante el dueño de la fábrica, cuando no, vulgares salteadores de las cajas sindicales que los obreros confiaran a su custodia y honorabilidad.

La historia del movimiento obrero registra, desgraciadamente, una cantidad innumerable de ejemplares de este linaje para que los puntualicemos en estos ligeros apuntes.

Al recordar una de las acusaciones de que se ha hecho objeto a los sindicalistas, nos referimos tan solo a aquella que ha perseguido el propósito de desnaturalizar su obra bajo la inculpación de colaboracionismo, reformismo o corporativismo. Recuérdese que quienes tales cosas afirmaban se adjudicaban, de paso, el oficio de intérpretes genuinos de los sentimientos y anhelos revolucionarios del proletariado y el de guardianes celosos de la pureza y rigidez de los principios de la lucha de clases.

¿Que la organización sindical disputara con el Estado, durante las horas más álgidas del conflicto social, y reclamara de poder a poder los derechos del trabajo en una incesante acción sindical? ¿Que ella pretendiera contener los ataques de aquel, oponiendo la pujanza de su fuerza y el de su pensamiento lúcido a los privilegios considerados inalienables por el capitalismo? Pues bien. Los censores, que no veían en eso más que una acción colaboracionista, dijeron que con ella no se perseguía otro propósito que el de entregar las organizaciones obreras maniatadas al Estado. ¡Es una traición —agregaban— a los postulados de las luchas de clases y a la revolución!

Inspirados en ideas y principios negativos, cuando no interesados de partidos, estos "revolucionarios" contumaces aseguraban a pie juntillas que sólo ellos serían capaces de conducir al proletariado por el recto camino de la revolución y de reacreditar el movimiento sindical desprestigiado por los "feroces reformistas" que hasta entonces estuvieron a su frente. . .

Se sabe que estos últimos jamás se adjudicaron el patronazgo sobre la organización sindical. Sin embargo, llegaron a pensar que quizá fuera necesario instituir esa especie de obra pía; más, como no se consideraron con derecho a ejercerlo, retiráronse espontáneamente de los puestos de dirección en la confianza de que con los nuevos y briosos elementos habrían de producirse días mejores para el proletariado y su organización.

Ha transcurrido un lustro, aproximadamente, desde estos sucesos. Durante todo este tiempo, el movimiento obrero ha ido discutiendo cada vez menos con el poder público. Podría decirse que vive como el caracol que no sale de su concha. Cualquiera pensaría que ha encontrado por fin el camino del cual no desviaran los réprobos del reformismo. . . Hoy ya no trata con el Estado. . . Sus delegados no pisan las alfombras ministeriales. . . Si algún sindicato necesita la libertad de un afiliado detenido, por ejemplo, no será él quien lo reclamará directamente. Le encomendará a uno de lo tantos profesionales de la ley (¡para eso existen abogados diablos!) la misión de libertarlo. El caso es que se mantenga a una prudente distancia de los poderes del Estado y, sobre todo, que esté ausente en cualquier acto que, aún cuando afecte a su propia vida o a la de sus miembros no vaya a hacer suponer a cualquier suspicaz o interesado que mantiene alguna concomitancia con aquél.

Pero ¿es que, en verdad, se ha producido este cambio, en la mentalidad obrera? ¿Podría asegurarse sin falsear los hechos que la organización sindical se ha encauzado finalmente por el canal de la lucha de clases y que por él navega a toda máquina?

Desgraciadamente no es ésa la realidad presente del movimiento obrero. Si hoy no trata con los poderes del Estado, ni discute con éste sus derechos, se debe a que la lucha de clases, que tiene sus manifestaciones episódicas en las huelgas y otros procedimientos de acción sindicales, vive adormida en un lecho florido de textos y libros de teorías y doctrinas en las cuales alimentan su vanilocuencia ciertos lechuguinos de la revolución. . .

Lo peor es, sin embargo, que los órganos reguladores de esa dinámica social, las entidades sindicales, ven disminuida sensiblemente sus fuerzas. Apenas existen luchas y, maldita la necesidad que se siente de parlamentar con el enemigo.

Pensamos que de seguir el descenso que se advierte, un día llegará, y seguramente que pronto, en que ni siquiera se necesitará discutir con el patronato. El "extremismo revolucionario" explicará entonces como buena la cesación de toda discusión entre delegados y patronales. Nada abonará mejor esta doctrina que la pasividad de clase obrera y la carencia de sus organizaciones sindicales.

Pero. . ., pensemos que no todo está perdido. . . Los grupos de los doctrinarios que hoy reemplazan a las organizaciones obreras podrán exaltar las virtudes de sus respectivos postulados. Los dioses magnos y dioses familiares que llenan los templos levantados al culto de la doctrina permitirán a la clase obrera invocar sus manes protectores.

¿Qué importa el declive creciente de la organización sindical si en su lugar aparecen los flámines del doctrinarismo? ¿Qué el capitalismo haga mangas y capirotes de estas orientaciones infantiles y continúa ejerciendo cada vez más firme y sin contralor alguno su patronato sobre la fábrica y la sociedad entera? ¿Acaso los pontífices máximos no se preocupan por que en su lugar aparezcan las sacerdotisas que como nuevas vestales mantendrán siempre vivo el fuego de las doctrinas cuya pureza salvaguardará el hogar proletariado?

Se ha perdido, es cierto, la fuerza radiosa con la cual otrora el proletariado supo contener más de un abuso del poder y refrenar otras tantas la sórdida avaricia del capitalismo; ha desaparecido aquella que tanto alarmara a las fuerzas vivas de la economía burguesa e inquietaba a los políticos y sectarios que se veían desplazados, anulados o inutilizados; ya no existe aquel organismo que exaltara a la clase obrera por la confianza y la fe que le infundía en su propia capacidad creadora y llenara con su nombre el vasto escenario de las luchas sociales en el país. En cambio, están en pie hoy los principios, se mantiene inmaculada la doctrina, inmarcesible el ideal, aunque el proletariado esté envilecido por la desconfianza, la intriga, la difamación, el servilismo y la miseria.

Sebastián Marotta
En *El Aventino*, Nro. 2, agosto 1925
(Colección completa archivo del autor)

EL SINDICALISMO, FRUTO DE LA CAPACIDAD OBRERA

Gentes que tienen del sindicalismo la idea de que se trata de un simple modo personal de pensar, sujeto a reglas preestablecidas en un cuerpo de doctrina elaborado a través de misérrimos esquemas mentales, exteriorizan su sorpresa porque osamos propagarlo en esta hora de profundas mutaciones ideológicas. No se explican nuestra obstinación sino por un arraigado prejuicio intelectualista —dicen— no exento de acentuado amor propio de aristócratas, todo lo cual no impide confesarnos superados por acontecimientos históricos cuya esfera de acción ha sobrepasado los límites de nuestra concepción... Vanidosamente —arguyen— cerramos los ojos a la nueva realidad social que factores extraños al sindicalismo han creado en el mundo. Y se empeñan en hablarnos de nuevas verdades que van conquistando el alma sensible del proletariado.

Empero, no han advertido que estas pretendidas novedades, a poco que se les levanta la débil piel de barniz con que aparecen recubiertas, son simples resabios de conceptos arcaicos ya archivados por la experiencia de los proletariados más evolucionados. Los perifollos que exornan su vestimenta no logran impresionar nuestro espíritu a la manera que les ocurrió a los habitantes de la isla famosa descripta por Anatole France, el día en que la más descarnada y vieja pingüina tuvo la idea de llamar sobre sí la atención de los demás cubriendo con perendengues su magra desnudez. La trapacería, por más que se la disimule, no perturba nuestro sentido realista de la vida. A pesar del canto de sirena con que se acompaña a las pseudoinnovaciones revolucionarias anunciadas aquí y allá, nuestro pensamiento se orienta por las acciones concretas y materiales de la clase.

Es por eso que para nosotros el sindicalismo es una realidad objetiva y una pragmática de la clase obrera y no una ideología, como la conciben algunos doctrinarios, reemplazable por otra. Su contenido reside en la acción automática que los sindicatos realizan potencialmente. Nunca como en los actuales momentos alcanzaron mayores relieves los valores que constituyen su rico e inagotable patrimonio. En esta hora de febril renovación social es cuando el sindicalismo proyecta con caracteres más universales la nitidez de su personalidad. No obstante los extravíos mentales que se han sufrido y se continúa sufriendo, él vése agigantado con el dinámico esfuerzo de los trabajadores que han encontrado en sus acciones el cauce que buscaban para su corriente revolucionaria.

Hijo legítimo de la sociedad capitalista, el sindicalismo está elaborando con su esfuerzo de todos los días la personalidad civil de la clase cuya capacidad y responsabilidad constituyen la condición indispensable para que asuma un día la herencia del patrimonio social que usufructúa la burguesía. Y este derecho de heredero histórico que tiene en los destinos del mundo no se lo confieren las promesas de mesías redentores y abnegados que en un espasmo de heroísmo anuncian su decisión de sacrificarse por el bien común. Es un derecho que emerge de su vida penosa de sacrificios y que se jalona en el camino de su trabajo revolucionario.

El sindicalismo forja la madurez de la conciencia del proletariado por el esfuerzo que realiza en el sentido de individualizar a la propia clase. Y es natural que para ejercer el derecho de sucesión a que aspira no necesita esperar la muerte de su progenitor ni que éste le sea concedido por administradores de justicia metidos a magistrados revolucionarios. Mucho menos aún ha de caerle como el maná del cielo por su virtud de su violencia súbitanea y sin limitaciones. Para el sindicalismo la revolución es una realización diaria de la clase que a la vez que esclarece su conciencia desarrolla sus sentimientos de responsabilidad, va vaciando al Estado de sus atribuciones y enriqueciendo los organismos de su creación independiente.

Y esta fecunda realización no es el producto de construcciones mentales. Nada tienen que ver con él los "menús para las marmitas de la sociedad futura" de que hablara Marx, con razón, refiriéndose a los teóricos y soñadores de la revolución catastrófica. Es la resultante de su dinámica social que actualiza la revolución con sus creaciones orgánicas.

Es pueril, entonces, negar razón de ser a un movimiento cuyo mérito principal reside en el hecho de que es la más completa manifestación del espíritu independiente de la clase y cuya condición social hace de ella la única revolucionaria. Un movimiento que arranca de la base misma de la sociedad actual —la economía— que su poder nace de esa situación de privilegio, no podrá ver negada su eficiencia a pesar de cuanto digan en contra quienes sueñan con la conquista del poder político de la noche a la mañana para realizar independientemente de la voluntad de la clase, la felicidad de ésta.

Lo que no realice el sindicalismo, expresión orgánica de la clase obrera, no lo lograrán, por más buena voluntad que tengan, quienes rumbean por los caminos ya trillados de la revuelta. La revolución que ha de librar a la clase obrera no será la que en un motín de la calle o de cuartel da el poder político a cuantos se sienten con aptitudes para gobernar, sino la que se realiza en la fábrica, la que conduce a la conquista del taller que, como dijera Proudhon y lo hizo suyo el sindicalismo, hará desaparecer al gobierno. Esa revolución no es obra milagrera; es el esfuerzo tenaz, perenne de la clase obrera, entregada a sus diarias creaciones sindicales.

Sebastián Marotta

En *Acción Sindicalista*, Año I, N° 9, Setiembre 16 de 1928. (Colección completa en el archivo del autor)

Continúa y concluye en el tomo 2.

NOTAS

I

[1] Diego Abad de Santillán recopiló luego ese material y dedicó un suplemento de *La Protesta* (31 de enero de 1929) al difundir *La tragedia de la Patagonia y el gesto de Kurt Wilckens*.

[2] Ver Apéndice.

[3] Diego Abad de Santillán había hecho su defensa pública en *Simón Radowitsky, el vengador y mártir*, F.O.R.A., Bs. As., noviembre de 1927.

[4] A pesar de toda esas vicisitudes Diego Abad de Santillán no olvidaba a la Argentina y en la revista *Timón*, Barcelona, setiembre de 1938, publicó una extensa *Bibliografía anarquista argentina*.

[5] Para conocer los antecedentes, historia, errores y desenlace de la guerra civil desde su óptica particular ver: *De Alfonso XIII a Franco*, Edit. TEA, Bs. As., 1974.

[6] *Política económica de la Generalitat* (1936-1939), José María Bricall, Edic. 62, Barcelona, 1970.

[7] Los tres trabajos que siguen fueron escritos especialmente para este libro por Diego Abad de Santillán.

II

[1] Ver opinión de Ruggiero Rúgilo del mismo hecho en vol. 2.

[2] Periódico *La Antorcha*, Nro. 302, Bs. As., 25 de octubre de 1930 (Archivo del autor).

[3] Periódico *La Antorcha*, Nro. 303, Bs. As., 7 de noviembre de 1930 (Archivo del autor).

[4] Periódico *La Antorcha*, Nro. 304, Bs. As., 29 de noviembre de 1930 (Archivo del autor).

[5] *Boletín de la C.G.T.*, Nro. 5, 25 de mayo de 1932 (Colección archivo del autor).

[6] *Periódico de la C.G.T.*, Nro. 88, 20 de diciembre de 1935.

[7] *Gremialismo Proletario Argentino*, por Jacinto Oddone, Edit. La Vanguardia, Bs. As., 1949, pág. 335.

[8] *Periódico de la C.G.T.*, (Catamarca 577), Nro. 89, 27 de di-

ciembre de 1935 (Reunión extraordinaria del Comité Confederal).

III

[1] *Historia del movimiento obrero argentino* (II tomo), Martín S. Casaretto, Ed. Lorenzo, Bs. As., 1947, pág. 28.

[2] *El anarquismo en el movimiento obrero*, Diego Abad de Santillán y E. López Arango, Barcelona, 1926, pág. 167/168.

[3] Ver José Negri.

[4] Periódico *La Unión del Marino*, Nro. 140, marzo de 1930 (Archivo del autor).

[5] *El Movimiento Sindical Argentino*, Tomo II por Sebastián Marotta, Edit. Lacio, 1961, Bs. As., pág. 121.

[6] Periódico *La Acción Obrera*, Nro. 260, 7 de diciembre de 1912 (Archivo de S. Marotta).

[7] *El Movimiento Obrero en la Argentina*, Tomo VI, por Alfredo Fernández, Obras Notables, Bs. As., 1937, pág. 256/257.

[8] Sebastián Marotta, *Ob. Cit.* en Bibliografía.

[9] Periódico *La Unión del Marino*, Nro. 140, marzo de 1930 (archivo del autor).

[10] *La Forestal*, por Gastón Gori, Edit. Proyección, Bs. As., 1974, pág. 241.

[11] *La Prensa*, 11 de febrero de 1921.

[12] *La Prensa*, 28 de febrero de 1921.

[13] Obra citada, G. Gori, pág. 242/243.

[14] Obra citada, G. Gori, pág. 245.

[15] *La Unión del Marino*, Nro. 117, marzo de 1926 (Archivo del autor).

[16] *La Unión del Marino*, Nro. 115, noviembre de 1925 (Archivo del autor).

[17] *La Unión del Marino*, Nro. 119, febrero de 1928 (Archivo del autor).

[18] Idem.

[19] *Al filo del medio siglo*, Juan E. Carulla, Edit. Huemul, Bs. As., 1964, pág. 275.

[20] *La Unión del Marino*, Nro. 140, marzo de 1930 (Archivo del autor).

[21] Idem.

[22] *La Unión del Marino*, Nro. 166, julio de 1935·(Archivo del autor).

[23] *La Unión del Marino,* Nro. 142, mayo de 1930 (Archivo del autor).

IV

[1] Testimonio de Electra González Vda. de Marotta al autor.

[2] Idem.

[3] Testimonio de Electra González Vda. de Marotta.

[4] Testimonio de Electra González Vda. de Marotta.

[5] *La Acción Obrera*, 7 de diciembre de 1912.

[6] *La Protesta*, 15 de diciembre de 1912.

[7] Testimonio de José Negri.

[8] Testimonio de Luis R. Bartolo.

[9] En el archivo del autor.

[10] En el archivo del autor.

[11] Testimonio de Alfonso A. López.

[12] Testimonio de Alfonso A. López.

[13] Programa, en el archivo del autor.

[14] *Bandera Proletaria*, 4 de agosto de 1928 (Tomo 1926-1928, archivo Andrés Cabana).

[15] Testimonio de José Negri.

[16] *Boletín de la CGT*, Nro. 1, 15 de enero de 1932 (Colección completa en el archivo del autor).

[17] *Boletín de la CGT*, Nro. 6, 25 de junio de 1932.

[18] Testimonio de José Negri.

[19] *Boletín de la CGT*, Nro. 9, 25 de setiembre de 1932.

[20] *Boletín de la CGT*, Nro. 17, 25 de mayo de 1933.

[21] *Periódico CGT*, Nro. 13, 13 de julio de 1934 (Colección completa archivo del autor).

[22] Ver pág. 41.

[23] *Periódico C.G.T.* (Catamarca 577) Nro. 105, 17 de abril de 1936.

[24] Testimonio de Electra González Vda. de Marotta.

[25] Testimonio de Electra González Vda. de Marotta.

[26] Testimonio de Arturo Carril.

[27] Marotta, Sebastián: *El Movimiento Sindical Argentino*, Tomo I, pág. 10 Edit. Lacio, Buenos Aires, 1960.

[28] Carta de Davil P. Rock, 2 de julio de 1971 (en el archivo de Electra González de Marotta).

[29] Testimonio de Diego Abad de Santillán.

INDICE

Advertencia preliminar	7
I. Diego Abad de Santillán	11
Apéndice: textos de D.A. de Santillán	32
II. Andrés Cabona	39
Apéndice: textos de A. Cabona	63
III. Francisco J. García	75
Apéndice: textos de F.J. García	97
IV. Sebastián Marotta	101
Apéndice: textos de S. Marotta	135
Notas	142